ワタミの初任給はなぜ日銀より高いのか?

ナベテル弁護士が教える
残業代のカラクリ

弁護士
渡辺輝人
Teruhito Watanabe

旬報社

プロローグ

最近、「ブラック企業」（本書における「ブラック企業」の定義はブラック企業対策プロジェクトのホームページに記載された広義の定義＝「違法な労働を強《し》い、労働者の心身を危険にさらす企業」によっています）と批判され、社会情勢のなかで売上が減少して、二〇一四年三月期の連結決算ではついに赤字に転落してしまったワタミ（正確に言うとワタミ株式会社）ですが、新卒の労働者募集においても大きな特徴を持っています。同社の一〇〇％出資子会社で居酒屋などを経営するワタミフードサービス株式会社（以下「ワタミ」）の大卒求人の募集要項をホームページで見ると、「店長候補」の初任給は、

> 〔月収〕二四万二三二六円
>
> （http://wfs.hr-watami.net/recruit/index.html　二〇一四年一一月二〇日現在）

と書いてあります。この金額を単純にみれば他の日本を代表する企業の大卒初任給と比べてもなかなか高額です。

一方、日本銀行の初任給はどうでしょうか。これもホームページで求人の募集要項を公表しています。

大卒　総合職…二〇万五四一〇円
　　　特定職…二〇万四〇〇円
　　　一般職…一九万五三九〇円
短卒　　　　…一七万五三五〇円（※コースによる違いはありません）
（http://www.boj.or.jp/about/recruit/fresh/information/requirement.htm　二〇一四年一一月二〇日現在）

日本銀行は日本銀行法という法律によって設立され、「我が国の中央銀行として、銀行券を発行するとともに、通貨及び金融の調節を行うこと」「銀行その他の金融機関の間で行われる資金決済の円滑の確保を図り、もって信用秩序の維持に資すること」を目的としています【日本銀行法一条】。私たちが預金をしている銀行に貸し出しをしているので〝銀行の銀行〟でもあります。いわゆるエリートの職場です。

もちろん、職業に貴賎なしと言われますし、職業の別による賃金比較をすることはこの本の目的ではありません。しかし、社会一般の感覚として、ワタミの大卒初任給が日本銀行のそれより高くなる、ということはないでしょう。

ワタミと日本銀行、その他の企業の新卒賃金の法律的な分析は第3章でくわしく行ないますが、結論だけ先取りすれば、日本銀行の大卒初任給は事業所（法律では「事業場」といいますが本書では一般用語にならって「事業所」といいます）の「月平均所定労働時間数」【労働基準法施行規則一九条一項四号】に対応するものです。これに対して、ワタミの月収には、月平均所定労働時間数に対応する賃金に加えて、残業や深夜早朝の労働を前提にして、労働基準法で定められた時間外割増賃金、深夜早朝割増賃金があらかじめ織り込まれています。

月平均所定労働時間数に対応するワタミの賃金は、同社のホームページの記載を前提にすれば、基本給のうち一六万円のみです。結局、月平均所定労働時間数に対応するワタミの大卒初任給は、日本銀行の短大卒初任給一七万五三五〇円よりも低いことになります。そして、これも後でくわしく書きますが「月平均所定労働時間数」自体、なので、一時間当たりの賃金はさらに差がつき、日本銀行の労働条件のほうが労働者に有利になります。

ワタミ＜日本銀行

つまり、ワタミの賃金はいわば水増しされたものなのです。このような賃金水増しの求人広告が必ずしも禁止されていないのが問題の一つでもあります。わかりやすい例としてワタミを取り上げましたが、むしろ同社は水増しを明記している分だけ若干良心的と言えるかもしれません。あいまいな賃金水増しの求人広告を出している企業はたくさんあり、労働者との間のトラブルも続発しています。

この本の目的は、まず、日々アルバイトに従事し、または就職活動中の学生さんや求職中の人、そして現に労働者として働いている人たちに対して、残業代の法律的な意味、社会的な役割、現在の状況をなるべく平易に説明することにあります。そういう意味で、本書は一般向け法律書です。

そのうえで、これらの人たちが、企業の求人広告や毎年発行される『会社四季報』(東洋経済新報社)に記載されたデータ、自分の会社の就業規則や給与明細などを元に、残業代を軸として、その企業の労働条件を分析する方法を説明することも本書の目的です。わが国の企業では月給制が広く採用されていますが、月給制の残業代の計算方法は非常に複雑です。しかし、求人広告や『会社四季報』に掲載されたデータを使用すると、かなりの程度、残業代に関する分析が可能です。それはその企業の労働時間や労働日数などの他の労働条件を知ることにもなります。また、ブラック企業は、法律を悪用・脱法する場合が多いので、法律的な分析を通して、その企業がブラック企業かどうかも一定、判断することができます。本書を読めば、ワタミの新卒賃金のカラクリも理解できるでしょう。そういう意味では、本書は労働者の立場からの企業分析の本であり、一種のブラック企業対策本でもあります。

そして、最後に、本書は、労働者が自分の身を守り、残業代を請求するための方法を解説することも目的としています。そういう意味で、この本は労働者が権利行使をするための実践本でもあります。

したがって、この本の性格を一言で表すなら「残業代を軸に会社と社会を分析し、権利行使するための本」ということになります。

有名な法格言に「権利の上に眠る者を法は保護しない」というものがあります。最近でも、たとえば、貸金業者の暴利とも言える利息の問題があり、一時は消費者が貸金業者から「腎臓や目玉を売って金作れ」と言われる状況すらありました。これに対して、消費者金融問題を専門にする弁護士などの専門家と被害者、支援団体の粘り強い闘いが行なわれた結果、貸金業者に取引履歴の開示義務を課し、また、〝グレーゾーン金利〟を事実上否定する最高裁判所の判例を勝ち取りました。そして、ついに二〇〇六年の貸金業法の改正により、グレーゾーン金利が正式に否定されることになりました。この件についてはその後に発生した〝過払いバブル〟といくつかの弁護士事務所や司法書士事務所のテレビCMなどの派手な広告のイメージばかりが先行しています。しかし、これは、消費者が権利に目覚め、闘った結果として生まれた大きな果実に、ある種の人々が飛びついた現象なのです。

　もちろん、消費者問題と労働問題は社会的な背景が異なる部分が多いですし、私は無軌道な〝残業代バブル〟を願っているわけでもありません。もともと、消費者金融業者が不安定な法律関係のうえで綱渡りの商売をしていたのに対し、労働者による残業代請求のルールは一九四七年から労働基準法に定められ、判例も蓄積されてきています。また、残業代請求は、各事業所の賃金体系や労働時間の性質、労働時間の把握方法などの個性が強いため、消費者金融業者に対する過払金請求訴訟のような単純化が困難です。だから、私は〝残業代バブル〟は起きないと考えています。

　しかし、一方で、労働者が会社に対して直接請求できるのが残業代です。労働基準法のみならず、労働組合法、労働契約法などの労働者の心強い味方もいます。多くの人が社会と会社を知り、労働者としての権利を知り、権利行使すれば、労働者全体の地位が確実に向上していくはずです。社会問題化することで労働行政による企業に対する規制・監督も厳しくせざるをえなくなるでしょう。本書を読んだ労働者が、自らの権利を実践することで、労働者全体の権利が向上し、過労死やブラック企業が一掃されていくことがこの本の究極の目的です。

目次

※本文中に出てくる判決や資料などで、インターネット上で閲覧可能なものについては、その事件名、資料名のあとに「＊」を付けています。

第1章
残業とは何なのか

会社が残業をさせるのは犯罪！

一九四五年の終戦後、一九四七年五月三日に労働者の勤労権・団結権・団体交渉権が明記された日本国憲法が施行されました。また、憲法二七条二項で「賃金、就業時間、休息その他の勤労条件に関する基準は、法律でこれを定める。」とされていたことにもとづいて労働基準法が制定・施行されました。同法により一日八時間労働制、週四八時間労働制（したがって最大週六日労働制）、週休制（会社は週に一度は労働者に休日を取らせる義務があります）が導入されました。

その後の世界的な労働時間短縮の流れのなかで、労働基準法の法定労働時間制は強化され、現在は週四〇時間労働制、一日八時間労働制が大原則となっています【労働基準法三二条】。したがって、一週間のうち五日×八時間＝四〇時間となるため、一日八時間労働制の場合は週休二日制が大原則となります。

そして、法定時間外労働、法定休日の労働は規制され、意外と知られていませんが、会社が労働者に法定時間外労働、法定休日労働をさせることは犯罪です。六か月以下の懲役または三〇万円以下の罰金が科されます【労働基準法一一九条】。違法残業については、一労働者に対して一日一罪が成立し罰金の上限額は刑法の併合罪の規定にもとづき青天井で加算されます。労働基準法は本当は恐ろしい法律なのです。

会社が刑罰を受けずに労働者に法定時間外労働、法定休日労働をさせることができるのは「災害その他避けることのできない事由によって、臨時の必要がある場合」【労働基準法三三条】、事業所の過半数労働組合やそれがない場合は適法な労働者代表と書面により法定時間外労働、法定休日労働について協定を結んだ場合【労働基準法三六条。この協定を三六協定《さぶろくきょうてい》といいます】など限られた場合のみです。

そして、三六協定で定められる時間外労働にも制限があり、具体的には厚生労働省が定めた「時間外労働に関する基準」により、原則として［図表1-1］のとおりになっています。

しかし、この基準には強制力がないため、実際には制限を超える時間外労働が横行しています。

［図表1－1］

期　間	1週間	2週間	4週間	1か月	2か月	3か月	1年
限度時間	15時間	27時間	43時間	45時間	81時間	120時間	360時間

会社に残業代を払わせるのは労働時間規制の第一歩

会社が労働者に法定時間外労働、法定休日労働または深夜早朝労働（深夜早朝とは二二時から五時までのことをいいます）をさせた場合には、それぞれに対応した一・二五以上または一・三五以上の率の割増賃金を支払う義務があり、さらに法定時間外労働が月六〇時間超となるときは、一・五〇以上の率の割増賃金を支払う義務があります（労働基準法三七条。この本ではこれらの割増賃金をまとめて「残業代」と言う場合があります）。

法定時間外、法定休日、深夜早朝の労働に対して割増賃金が支払われる理由は、①割増賃金を支払うことを会社に義務づけることによって、労働基準法が定める法定労働時間制・週休制の原則の維持を図るとともに、②過重な労働に対する労働者への補償を行なおうとすることにあります。

言い換えれば、割増賃金の制度は、時間外労働を行なわせる会社に対して時間に比例した割増賃金によって一種の〝制裁〟を加えることで週四〇時間、一日八時間超の労働、法定休日の労働を抑制するとともに、労働者に対しては過重な労働に割増された賃金を時間給で支払うことで相応の補償をしようとしているのです。

労働基準法では、割増賃金の不払いは犯罪となり、六か月以下の懲役または三〇万円以下の罰金が科されます【労働基準法一一九条】。

さらに、割増賃金の未払いに対して、労働者が訴訟を提起したときは、裁判所は未払い金額と同額の範囲で、会社に対して付加金という制裁金を課し、労働者に支払うよう命ずることができます【労働基準法一一四条】。付加金は、日本の法体系のなかでは、裁判所が民事的な制裁金を命じることができる非常に珍しい制度です。

このように、労働基準法は、何重にも規制をかけることで、労働時間自体を規制し、法定労働時間を超える労働については会社に割増賃金を支払わせることで、労働者を保護しようとしているのです。そして、ここで重要なのは、民事的には、労働者が残業代を請求し、会社に払わせることで初めて労働時間規制が機能する、ということです。

割増賃金の基礎時給

時間外一・二五倍以上、法定休日一・三五倍以上、深夜早朝〇・二五倍以上という割増率についてはよく知られています。

しかし、たとえば法定時間外労働について、何に対して二五％の割増がされるのか、すなわち一〇〇％部分の賃金（この本ではこの部分を「基礎時給」といいます）の算出方法については、法令【労働基準法三七条、労働基準法施行規則一九条、二一条】で明記されているにもかかわらず、あまり知られていません。それもそのはず、たとえば労働法のスタンダードな教科書とされる菅野和夫『労働法　第十版』（弘文堂）には基礎時給の算出方法の詳細が書いてありません。

賃金が時給制の場合はその時給がそのまま基礎時給となり、日給制の場合は日給をその日の所定労働時間（「所定」なので上限は八時間）で割ることによって基礎時給を求めるので感覚的にもわかりやすいですね。ただし、時給制や日給制の場合でも、月額でたとえば「皆勤手当」のようなものが出ている場合は、その部分については、月給制の計算方法で基礎時給を算出し、プラスします。

一方、月給制の場合は基礎時給の算出方法がやや複雑です。一般的には、

①ひと月の「賃金」÷②月平均所定労働時間数

という式によって求められますが、①②それぞれについて細かいルールがあります。

この複雑さが労働者による残業代請求が困難になっている事情の一つだと考えられます

が、今まで一般向けにきちんと解説した本がありありませんでした。その計算方法については第6章でくわしく説明します。

column

労働時間規制の歴史のおはなし

イギリスで起きた残業革命以後、欧米で工業化が進み、工場などで働きながら賃金を得る「労働者」がどんどん増えていきました。労働者は劣悪な環境で長時間労働をさせられていました。これに対し、ヨーロッパやアメリカの労働者は労働組合を作り、大きなストライキもしながら「1日8時間労働制」の実現を掲げて、労働時間を短縮するための運動を進めました。

1917年にロシア革命が起き、革命政府が全労働者に対する1日8時間労働制導入を宣言したことで、この制度は世界中に広がっていき、日本でも労働者の闘いのなかで一部の工場で8時間労働制が導入されました。現在、神戸市に「8時間労働発祥の地の碑」があります。なお、日本で「米騒動」が起きたのもロシア革命の後であり、大正デモクラシーと言われる時代を形成する大きなきっかけとなりました。ロシア革命が当時の世界の社会運動に与えた影響の大きさがわかります。

一方、週休制は、主にキリスト教圏の安息日に由来します。キリスト教で日曜日に働いてはいけないことの厳格性については、たとえば1917年のイギリスで、村の誇りである山が政府の測量の結果「山」にするには6メートル足りず「丘」にされてしまうことを知った村人たちが6メートル嵩《かさ》上げのために土を積む『ウェールズの山』という映画でも描かれています。

映画のクライマックスに牧師さんが日曜礼拝で「(安息日だけれども) 私は土を積む」と演説し、牧師さんの“お墨付き”を得た村人たちが総出で盛り土をするきっかけとなる、重要な演出材料となっています。

国際労働機関 (ILO) が1921年に「工業的企業における週休の適用に関する条約」【14号条約】を採択し、週休制は国際的基準となっていきました。恥ずかしいことに、日本はこの条約をいまだに批准していません。

第2章
残業代から会社が見える、社会が見える

残業代を請求すると会社にいられない！

労働問題の法律相談の際、相談者からよく聞くのは「残業代請求なんかしたら会社にいられない！」という話です。会社から圧力を受けている場合もあるし、そういう行動を取ることで会社のみならず同僚たちからも白い目で見られてしまう、というわけです。ひどい事例になると、労働者が権利行使することで、職場で嫌がらせを受け、違法に解雇されてしまう場合もあります。

日本型雇用の特徴は、職務（ジョブ）の内容を明確に定めて契約するのではなく、職務内容を明確には定めず、企業の一員（メンバー）になるメンバーシップ契約であり、日本型雇用の特徴である長期雇用・年功賃金・企業別労働組合はその論理的帰結である、という指摘があります（濱口桂一郎『新しい労働社会―雇用システムの再構築へ』岩波新書）。このような労働契約では、労働者のメンバーとしての地位の維持が図られる一方、会社に強大な命令権があり、労働者が企業内で従事する職務の変更（人事異動）、職務に従事する場所の変更（転勤）なども会社がほぼ一方的に決めます。

昔の大企業の正社員のあり方として身近な例をあげると、私の祖父は日本を代表する大企業の技術者でしたが、一九六〇年に、当時としても若くして亡くなりました。すると、現代の感覚からすると驚くべきことですが、その企業は未亡人となった私の祖母を庶務部門に採用したのです。祖母は社宅に住みながら定年まで勤め上げ、女手一つで子育てもしました。一家は大黒柱を失ってもなんとか生活することができたのです。私が今、弁護士として活動できるのも、この企業が雇用についてかつて持っていた非常に濃厚なメンバーシップ的な考え方があったから、といえるかもしれません。

しかし、このようなメンバーシップ的な労働者の地位は、もともと大企業の制度です。中小企業や新興企業では労働者のメンバーとしての地位がそれほど高くありませんでした。そして、メンバーシップの外側にいて保護のない有期雇用・派遣などの非正規労働者の増大、成果主義賃金の導入、労働組合の弱体化などによって、労働者のメンバーとしての地位はどんどん落ちていきました。やがて「就職氷河期」「就職超氷河期」といわれる就職難の時代となり、企業の労働者に対する強い命令権だけが維持される一方、長期雇用や企業内での労働者育成を前提とせず、企業が労働者を使い捨てにする企業の存在も顕在化してきました。その最たる例がブラック企業なのでしょう（この点をくわしく論じたのが今野晴貴『ブラック企業　日本を食いつぶす妖怪』文春新書）。

日本の労働者が会社に対して残業代を請求したいのに、同僚の労働者からも白い目で見られる背景には、会社が強い命令権を持つ雇用システムの一方でそれと表裏一体であったはずの労働者の企業におけるメンバーとしての地位がどんどん低下していることが関係していると思います。

しかし、今、日本経団連をはじめとする経営者団体は、正社員の解雇規制を撤廃・緩和しようとしたり、期限付き労働者や派遣労働者を使い捨てにしようとする政策を次々に打ち出し、政府に実行させようとしています。言い換えるなら、労働者の企業のメンバーとしての地位を根本的に否定するような方針を打ち出しているのです。そういう状況を反映し、また、〝寄らば大樹の陰〟に見えた大企業のいくつかが傾いたり、大規模なリストラを強行するなかで、若者の会社に対する帰属意識が薄くなり、あるいは面従腹背するようになっています。私のところに相談に来る人にも、最初から在職中に自ら作成した手帳やメモを携えて来る人がたくさんいます。若者の意識は「辞められないから請求できない」から「ひどい会社は辞めて請求してやる」に変わりつつあるのかもしれません。

〝サービス残業〟は〝賃金泥棒〟？

実際の多くの職場では、すでに述べたとても厳重な規制にもかかわらず、労働者の権利は行使できず、長時間の時間外・休日・深夜早朝労働がなされ、これに対する残業代も請求できない〝サービス残業〟が横行しています。

〝サービス残業〟が横行している背景に、「経営が苦しいことはわかっているだろう」「半人前で利益を出せないくせに権利だけ主張するのか」「残業ではなく一人前になるための修業だ」「仕事が終わらないのに放り出して帰る気か」「上司がまだ働いているのに先に帰る気か」など、様々な「空気を読め！」の理屈があります。会社や管理職が労働者に対してこのようなことを正面から言ってくる場合もあり、現実には労働者が権利行使できない場合が多くあります。また、労働者が本気で「能力がなく残業をしてしまう自分が悪い」と思い込まされている場合も多いのが現状です。

しかし、これらこそまさに屁理屈です。会社や管理職が経営者・管理者として、法律を遵守し、労働者の業務量や労働時間を適切にコントロールする力を持っていないことを告白しているようなものです。また、口でいくら「残業代は出ない」と言ってみたところで、労働基準法で定められた残業代を請求する権利がなくなるわけではありません（この点について第４章参照）。未払い残業代は会社の負債として累積していき、労働者が〝反乱〟を起こすと、一気にツケを払わされることになって利益が吹き飛び、ときとして倒産に至る場合もあります。

私が担当した「Chanko Dining 若」の事件でも、会社が超長時間の不払い残業があるという現実を直視せず、残業代を請求した労働者に対して強硬策をとったため、労働者側も世論に訴えた訴訟戦術を採らざるをえなくなりました。その結果、「Chanko Dining 若」の評判は地に落ち、最終的にはいくつかのフランチャイズ先、そしてフランチャイズ元の会社も、これらの会社の経営者個人も破産してしまいました（なお、経営者の一人だったはずの元横綱は提訴直前にフランチャイズ元の会社の役員を辞任して責任追及を〝うっちゃり〟ました）。

〝サービス残業〟こそ、経営責任を負っている者の甘え以外の何ものでもなく、経営リスクそのものなのです。〝サービス残業〟を放置しておくことは、企業の投資家や債権者に対する背信行為でもあります。

米国では、〝サービス残業〟を含む様々な形での賃金不払いを「Wage Theft」（賃金泥棒）と言うそうですが、こちらのほうが事の本質をとらえています。不払い残業を〝サービス残業〟などと優しい言い方をして悪質な会社や経営者を甘やかすのではなく、率直に会社による〝賃金泥棒〟だと、発想を転換していく必要があるのではないでしょうか。

また、「悪貨が良貨を駆逐する」のことわざどおり、同業他社のなかに〝賃金泥棒〟を平気でやる経営者がいると、良心的な経営者が市場原理で淘汰されてしまう、という問題もあります。会社による〝賃金泥棒〟は、良心的な同業他社からみても大きな経営リスクとなるのです。

公務員バッシングと残業代

厚生労働省の発表によると、二〇一二年度の一年間に、全国の労働基準監督署が定期監督および申告にもとづく監督などを行ない、その是正を指導した結果、不払いになっていた割増賃金が支払われたもののうち、その支払い額が一企業で合計一〇〇万円以上となった事案は一二七七企業、支払われた総額は一〇四億五六九三万円、対象労働者は一〇万二三七九人にも上りました。

また、二〇一三年の参議院選挙では、ブラック企業問題も争点となり、その後、厚生労働省が同年九月に重点的なブラック企業対策を行ないました。この結果、監督を実施した五一一一事業所のうち、四一八九事業所（全体の八二・〇％）になんらかの労働基準関係法令違反があり、内訳は次のとおりでした。

① **違法な時間外労働があったもの二二四一事業所（四三・八％）**

②　賃金不払い残業があったもの一二二一事業所（二三・九％）
③　過重労働による健康障害防止措置が実施されていなかったもの七一事業所（一・四％）

また、健康障害防止に係る指導がされた事業所はこれらのうち次のとおりでした。

④　過重労働による健康障害防止措置が不十分なもの一一二〇事業所（二一・九％）
⑤　労働時間の把握方法が不適正なもの一二〇八事業所（二三・六％）

そして、重点監督時に把握した「一か月の時間外・休日労働時間が最長の者の状況」については、八〇時間超の事業所が一二三〇事業所（二四・一％）、一〇〇時間超の事業所が七三〇事業所（一四・三％）もあり、後で述べますが、いわゆる〝過労死ライン〟超の残業が横行している状況も摘発されています。

ブラック企業の多くでは、不払い残業をはじめとする労働基準法違反行為が横行しています。今後、労働基準監督署による監督行政はより強化する必要があるはずです。

一方、近年、公務員といえば、国の財政状況悪化と民間の労働環境の悪化のなかバッシングの対象となることが多いようです。こうした状況のなかで、労働基準法の守り手であるはずの労働基準監督署の職員は増やされるどころか定員がどんどん減らされています。こうしたなか、人手不足のため、労働行政に十分に手が回らなくなっています［図表２-１］。

もともと、労働者人口と比べた労働基準監督官の数についていえば、日本は西欧諸国よりも少ない状況です。もちろん、労基署は、会社が適法を装う事例では、有効な指導ができない場合が多いなど問題もありますが、残業代という視点を通して見れば、むしろ、現状では公務員が足りない、という行政の状況が見えてきます。

そうであるのに、政府は二〇一四年にまた国家公務員の大幅削減策を打ち出しており、今後、労基署の職員がさらに減少する可能性が高いのです。

［図表2-1］

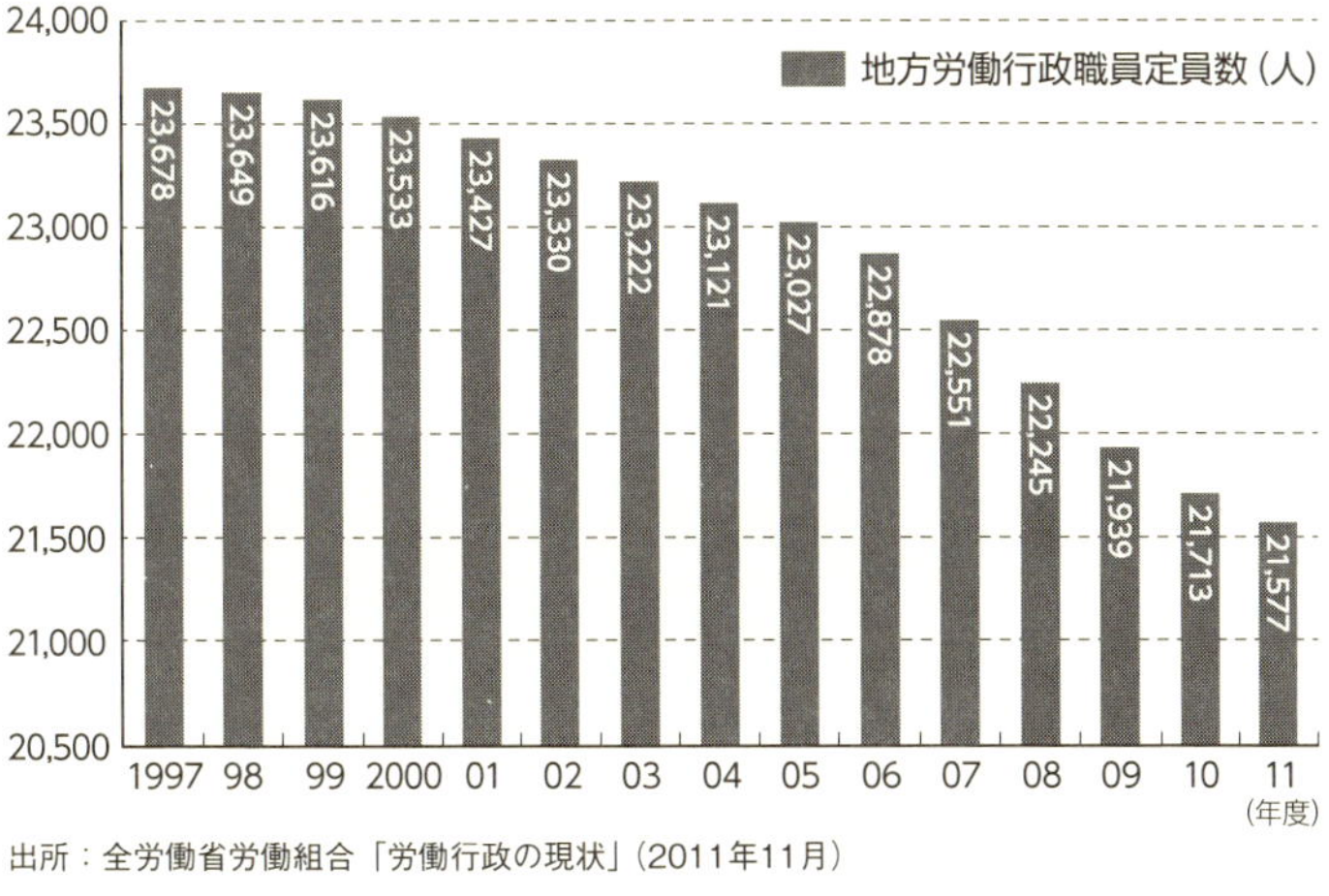

出所：全労働省労働組合「労働行政の現状」（2011年11月）

残業と過労死、うつ病や過労自死などの関係

一般的に、残業時間八〇時間～一〇〇時間を〝過労死ライン〟などと言いますが、これには、それなりの根拠があります。労働者災害補償保険法【労災保険法】という法律があり、同法は「業務上の事由」または「通勤」による労働者の負傷、疾病、障害、死亡などに対して国が保険者となり、保険給付を行なうためのものです。いわゆる「労災」について認定、給付の手続などを定めた法律です。

そして一定の脳血管疾患や心臓疾患について、国（労働基準監督署長）が労災か否かを認定する基準を「過労死認定基準」などと言います（正確には「脳血管疾患及び虚血性心疾患等（負傷に起因するものを除く。）の認定基準」＊）。

このなかで、長期間の過重業務による「疲労蓄積」が脳・心臓疾患を発症させた（＝労災）かどうかを考える際の重要な要素の一つとして、週四〇時間労働制との関係で、「①発症前一か月間ないし六か月間にわたって、一か月当たりおおむね四五時間を超える時間外労働が認められない場合は、業務と発症との関連性が弱いが、おおむね四五時間を超えて時間外労働時間が長くなるほど、業務と発症との関連性が徐々に強まると評価できるこ

と、②発症前一か月間におおむね一〇〇時間又は発症前二か月間ないし六か月間にわたって、一か月当たりおおむね八〇時間を超える時間外労働が認められる場合は、業務と発症との関連性が強いと評価できること」という記述があるのです。この「一〇〇時間」「八〇時間」の部分を切り取って、俗に〝過労死ライン〟などというのです。

しかし、過労死認定基準では、月四五時間を超えて時間外労働が長くなるほど、業務と発症の関連性が徐々に強まる、としており、必ずしも「残業時間が月八〇時間ないと過労死にならない」と言っているわけではありません。

他の業務の質や深夜早朝労働の多さなどをふまえ、もっと少ない時間外労働でも過労死と認められる場合もあります。国の「業務上ではない」という認定が裁判所で覆ることもあり、現行の過労死認定基準自体が、過労死認定のために画一的に超長時間残業を求めすぎだとして、過労死問題を扱っている弁護士、医師、支援団体などから批判されています。

また、うつ病、適応障害などのメンタル疾患も、残業と無縁ではありません。「心理的負荷による精神障害の認定基準」＊では、たとえば月八〇時間程度の時間外労働が長期にわたった場合や、長時間残業に加えて業務上の事故、仕事の失敗や責任の重大さ、異動やパワハラ、セクハラがあった場合には、一定のメンタル疾患が労災認定される場合があります。

現行の認定基準では労働だけで労災認定されるには月一〇〇時間とか一二〇時間の時間外労働が必要とされており、やはり「認定に要する残業時間が長すぎる」と批判されています。

また、うつ病などのメンタル疾患では、病気の症状として、死にたい、死ななければならないという「希死念慮」が発生します。そのような病気の症状として自死に至った場合を「過労自死」(過労自殺)といい、原因となるメンタル疾患が労災性のものであれば、自死も労災となります。

このような過労死や過労自死が起こる事業所では、労働時間管理がずさんだったり、残業代がまともに支払われていないことがしばしばあります。

私が担当している残業代請求事件でも、月一〇〇時間もの時間外労働に耐えきれなくなり、会社を辞めて訴える例が多くあります。前にも述べたように、残業代のそもそもの趣旨は、会社に割増賃金の支払いを強制することで、残業そのものを抑制することにあります(一四頁)。長時間残業やそれに対する残業代の不払いは、過労死への一里塚と言えるでしょう。

自分を守るために

私自身もその世代に属しますが、今（二〇一四年時点）の二〜三〇代の世代は、「真面目に働いた者が報われる」ことが本当に難しくなっています。競争ばかりが煽られ、その競争の勝者として持ち上げられるなかには、労働者の働く権利を踏みにじるようなことをする人が目立ちます。このような世の中で、自分の身を守ろうとするために必要なのは、まず、自分の権利を知ることです。

しかし、すでに述べたように、権利は知っていても、行使できないのが今の日本の状況です。ただ、そこで足踏みしていたら、一生、その地位に甘んじるしかなくなります。「まずは有給休暇から」「まずは休日出勤くらい残業代を」と、まわりの同僚と話し合うことが大切なのではないでしょうか。また、責任が軽い（はずの）学生時代のアルバイトや新入社員の頃から、権利行使するクセを付けておくのも大切でしょう。

シフトが週一日しかないアルバイトにすら有給休暇の権利はあるのです。次々に権利行使して、みんなが権利行使するのが当たり前になれば、職場の雰囲気も変わっていくのではないでしょうか。それで職場が変わらなければ、裁判所に訴えて権利行使する手もあります。

また、労働者としての権利を強く要求していこうと思えば、労働組合への加入や、職場に労働組合がなければ新たな労働組合の結成も視野に入れるべきです。私自身、組織嫌い世代の人間なのですが、会社だって組織です。日本という国も組織です。私たちは組織から逃げることはできないし、そういうなかでの組織嫌いはほぼ社会における敗北を意味します。結局、本当の意味で会社という組織に立ち向かうには対抗する組織が必要なのです。そうであれば、自分たちで労働組合のあり方を考えるほうが、よっぽど建設的ではないでしょうか。少なくとも、起業して成功するより、労働組合で成功するほうが可能性はずっと高いと思います。

一方、私たち自身も、職場を離れれば、消費者として様々な商品やサービスを購入しています。その先に、自分と同じような労働者がいて、自分たちが無理を言えば（時間外の業務や深夜のサービス、休日の出勤を求めれば）、それが自分に跳ね返ってくることも、考えておく必要があるでしょう。

そして、最後に、社会に目を向け、政治に注文を付けるのはとても重要です。現在、政府は〝残業代ゼロ〟の制度の導入を強力に推進していますが、国会議員の数だけ見れば与党が多数でも、なかなか法案が成立しません。これは、ひとえに、それに反対する世論や運動があるからです。今の労働基準法自体、労働運動の歴史の中でできあがったものです。結果を享受するだけでなく、主権者である国民として声を上げて守り育てる必要があります。

“サービス残業”は“賃金泥棒”

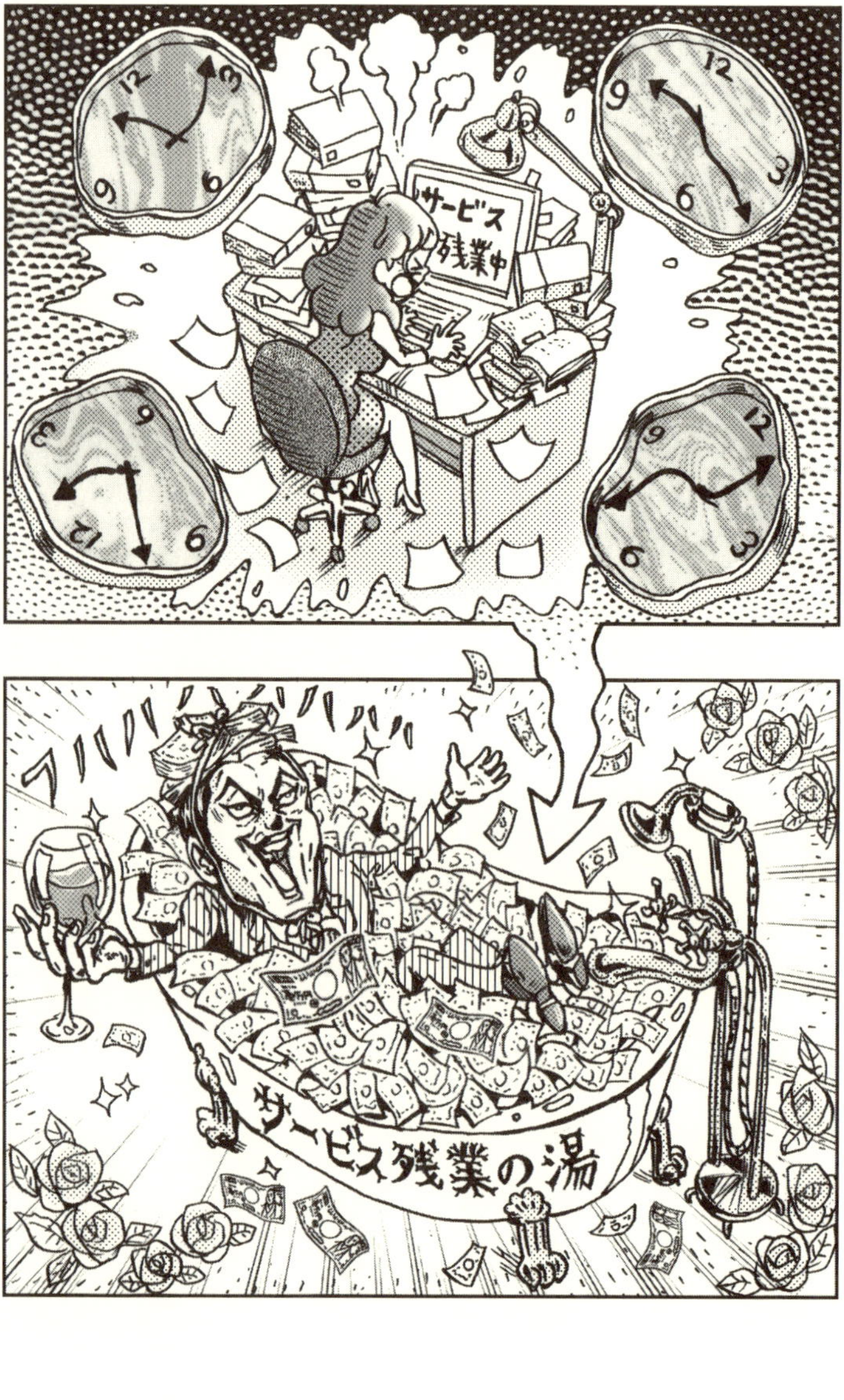

第3章

就職活動からはじまっている残業代請求

残業が少ない・残業代を払ってくれる会社にはいること

残業があまりない企業、残業があっても残業代をしっかり払ってくれる企業は実際にたくさん存在します。経営に余裕がないなかでも、会社のプライドとして残業代も含めた賃金だけはきちんと支払っている中小企業もあるのではないでしょうか。

当たり前のことですが、確実な残業代請求の第一歩は、残業が少なく、それでも生活していける企業に就職することであり、また多少の残業があっても残業代をしっかり払ってくれる企業に就職することです。

一方、学生がマスコミを通じて作られた企業イメージに引きずられ、〝はやり〟の企業に就職して失敗する話は、某衣料品企業の名前を持ち出すまでもなくたくさん聞きますし、さきほど紹介した今野晴貴『ブラック企業』をはじめとするブラック企業関連の本でもくわしく紹介されています。若者が「燃料」や「乾電池」のように企業に使い捨てにされることは、重大な人権侵害であり、社会全体でみても不合理で許せないことです。昨今の経済情勢のもと、就活中の学生のみなさんが内定を取るために必死なのは仕方ないことですが、一方で、地味でも、しっかりとした労働条件が整備され、健全な労使関係がある企業を探す努力も重要です。

また、運良く健全な企業に就職できたとしても、その企業がある日突然、ブラック企業化することもありえます。とくに、その企業の競争相手にブラック企業があれば、その企業はまともに人件費を負担している分だけ、絶えず不利な価格競争に晒されています。健全な企業風土を維持するためには、もちろん労働者としてのパフォーマンスを発揮することが大事ですし、また、会社に対して労働者の正当な権利を絶えず主張して、会社に、労働者を大切にしながら企業を維持する経営方法を考えさせることが必要です。

以下では、残業代を軸にして、ブラック企業を見破るための手法をいくつか紹介します。

ワタミの大卒初任給が日本銀行より高く見えるカラクリ

プロローグで紹介したように、ワタミの大卒初任給と日本銀行の総合職の大卒初任給を比べると、ワタミが二四万二三二六円であるのに対して、日本銀行は二〇万五四一〇円で、額面だけ見ればワタミのほうが高額です。しかし、すでに述べたように、これは残業代を含めて水増しされた賃金です。そのことをみていきましょう。

その際の比較分析の指標は大きくわけて三つあります。

① **賃金月額**
② **労働時間**
③ **残業代**

さらに、この三つの指標は、次のように細かく区別されます。

① **ⓐ基礎賃金、ⓑ固定残業代等**
② **ⓒ年間所定労働日数、ⓓ一日の所定労働時間数、ⓔ年間所定労働時間数（＝ⓒ×ⓓ）**
③ **ⓕ月平均所定労働時間数（＝ⓔ÷12）、ⓖ基礎時給（ⓐ÷ⓕ）**

①ⓐの「基礎賃金」は、残業代の一時間当たりの基礎単価である③ⓖの「基礎時給」を算出する際に基礎に算入する賃金です。①ⓑの「固定残業代等」は、基礎に入れない賃金（「等」には「除外賃金」（一三一頁参照）である家族手当、通勤手当などが含まれます）のことです。②ⓒの「年間所定労働日数」は、一年三六五日から年間休日日数を引いた日数。②ⓓの「一日の所定労働時間数」は、就業規則に定められている一日の労働時間です。求人票などでとくに指定がなければ一日八時間と考えるのが妥当でしょう。②ⓔの「年間

所定労働時間数」は、②(c)の「年間所定労働日数」と②(d)の「一日の所定労働時間数」を掛けたものです。③(f)の「月平均所定労働時間数」は、②(e)の「年間所定労働時間数」を一二か月で割って得た数字です。③(g)の「基礎時給」は、割増率を掛ける前の残業代の一時間当たりの単価で、①(a)の「基礎賃金」を③(f)の「月平均所定労働時間数」で割ることによって得られます（一円未満は四捨五入します）。

同様の分析は、ハローワーク（公共職業安定所）のインターネット上の求人情報、リクナビ・マイナビのような就職情報サイト、当該企業のサイトの募集要項（新卒のページではっきりしたことを書いていなくても、中途採用の募集要項を参照すると②(c)の「年間所定労働日数」、②(d)の「一日の所定労働時間数」がわかることがあります）、『就職四季報』などから①(a)〜②(d)の情報を得ることができれば、他の企業でもできます。なお、基礎時給などの計算に関するくわしい知識と方法は第6章でくわしく取り上げます。

●ワタミの労働条件

ワタミのホームページ上の募集要項からは次の情報を読み取ることができます（二〇一四年一一月二〇日現在）。

基 本 給 …一九万円（うち深夜手当三万円含む）
超過勤務手当…五万二三三一六円（対応する時間外労働四五時間）
年間休日数 …一〇七日。休日数はひと月九日で二月のみ八日

その他、住宅費の補助があるようですが、詳細はわかりません。正当な住宅費の補助は①(b)に含まれる除外賃金になるので差し当たって考慮する必要はないでしょう。

また、一日の労働時間についてはとくに言及がないためアピールポイントがない＝労働基準法の上限である一日八時間と考えるのが妥当でしょう。これを元に①(a)～③(g)の各数値を検討すると

① 賃金月額

(a) 基礎賃金…一六万円

基本給のうち三万円は「深夜手当」で、これは労働基準法の深夜早朝割増賃金と思われますので、基礎賃金ではありません。

(b) 固定残業代等…八万二三三一六円

時間外割増賃金は五万二三二六円、深夜手当は三万円で、これらがいわゆる「固定残業代」です。

②**労働時間**

(c)**年間所定労働日数…二五八日**

一年三六五日－一〇七日（年間休日数）

(d)**一日の所定労働時間数…八時間**

とくに記載がないため。

(e)**年間所定労働時間数…二〇六四時間**

二五八日×八時間

③**残業代**

(f)**月平均所定労働時間数…一七二時間**

二〇六四時間÷一二か月

(g)**基礎時給…九三〇円**

一六万円÷一七二時間。一円未満は四捨五入。

そして、残業代について計算してみると、時間外割増賃金の一時間当たりの単価は

「九三〇円（③(g)基礎時給）×一・二五（割増率）＝一一六三円（一円未満は四捨五入）」となります。そして「一一六三円×四五時間＝五万二三三五円」となり、少々、足りないですがだいたい合ってます。なお、同じホームページの別の箇所では大卒初任給の時間外労働の固定残業代は五万二三三五円と記載されており、同じページ内で若干矛盾しているのですが、こちらが正しいように思えます。

また、この募集要項からわかるのはそれだけではありません。

深夜早朝割増賃金が三万円支給されていますが、深夜早朝割増賃金は一・〇〇の基礎時給部分は基礎賃金または時間外割増賃金で支払い済みとなるため、割増率は〇・二五となり、一時間あたりの単価は「九三〇円（③(g)基礎時給）×〇・二五（割増率）＝二三三円（一円未満は四捨五入）」となります。そして深夜手当三万円を二三三円で割ると約一二八・七五＝約一二八時間四五分という一か月当たりの深夜早朝労働時間が算出されます。

結局、ワタミでは、賃金体系からして、一日八時間労働に加えて、一日二時間〜二時間一五分程度（固定残業代の四五時間÷月所定労働日数二二日 or 二一日 or 二〇日）の法定時間外労働があらかじめ予定され、かつ、一日の労働時間のうち平均して五時間五一分〜六時間二六分程度（一二八時間四五分÷月所定労働日数二二日 or 二一日 or 二〇日）

は深夜早朝労働であることが予定されているのです。深夜早朝の時間帯は二二時から五時までの七時間なので、早くとも午前四時頃までは仕事をして欲しい、ということになります。

そして、これらの残業を行なったとしても、残業代は固定残業代で支払い済みになるため、月収二四万二三二六円以外には一円の残業代も支払われません。

さらに、休日が土・日となっている職場では、今年と来年では休日数が異なるのが普通なので、月の休日数を数字で特定して記載することはできません。したがって、月の休日数が特定されているこの会社は必ずしもカレンダー上の曜日と関係なく休日が指定される職場である可能性があります。

一日八時間労働のうえに二時間の法定時間外労働が課され、労働時間全体のうち六時間程度は深夜早朝の時間帯であり、休日は完全週休二日が必ずしも保障されない職場というのは、いかに二〇代の若者でも、なかなかハードな職場なのではないでしょうか。

ワタミの募集要項は特徴があり、かつ、それなりに詳細な記載があるので、ここまでの分析が可能なのです。厳しい労働条件を記載しているだけ、まだマシと言えるのかもしれません。

●日本銀行の労働条件

一方、日本銀行はどうでしょうか。日本銀行のホームページの記載からは、大卒総合職の次の情報が読み取れます（二〇一四年一一月二〇日現在）。

初任給……………二〇万五四一〇円
年間休日数…………完全週休二日制（土・日）、一月二日・三日および一二月三一日、国民の祝日に関する法律に規定する休日
一日の所定労働時間数…8：50〜17：20（休憩を典型的な一時間と仮定すれば一日七時間三〇分）

これについて、ワタミと同様の分析を行なうと、

① 賃金月額
(a) 基礎賃金…二〇万五四一〇円
(b) 固定残業代等…〇円

なお、募集要項に記載していないだけで、公表されている「日本銀行における職員

の給与等の支給の基準」によると固定残業代とは異なる除外賃金となる諸手当の支給が定められています。

② **労働時間**

(c) **年間所定労働日数…二四四日(二〇一四年の場合)**

一年三六五日－一二一日(二〇一四年の土日、国民の祝日に関する法律にもとづく休日、(元旦は祝日のため)一月二日、三日と一二月三一日の合計日数)

(d) **一日の所定労働時間数…七時間三〇分**

拘束時間八時間三〇分－休憩時間一時間(仮定)。なお、日本銀行青森支店の庶務職員の募集要項では休憩時間を一時間と明記しています。

(e) **年間所定労働時間数…一八三〇時間(二〇一四年の場合)**

二四四日×七時間三〇分

③ **残業代**

(f) **月平均所定労働時間数…一五二・五時間**

一八三〇時間 ÷ 一二か月

(g) 基礎時給…一三四七円

二〇万五四一〇円 ÷ 一五二・五時間。一円未満は四捨五入。

さすが日本経済について重要な役割を担っている日本銀行だけあって、国の行政機関は一二月二八日が仕事納めなのに対して年末ぎりぎりの一二月三〇日まで仕事をしています。しかし、その他は取り立てて分析すべき事項もないように見えます。

仮に日本銀行の総合職の大卒初任給で、月の所定労働日が二〇日の月に、四五時間の残業を行なうと、残業時間は一日二時間一五分となります。しかし、そのうち三〇分は一日八時間以下のいわゆる「法内残業」で、基礎時給そのものが支払われるのが原則です。労働条件が整備された職場では法内残業も割増率が一・二五とされている場合も多々ありますが、日本銀行では法内残業は基礎時給の一〇〇%を支給することとなっており、原則どおりの支給となります。

したがって、一日の残業代は「一三四七円×〇・五時間＋一六八四円×一・七五時間＝三六二一円」となり、二〇日分なら七万二四二〇円となります。これがワタミの固定残業代五万二三三五円に対応する金額なのです。実際、日本銀行の大卒初任者がどの程度の残業をしているのか、わかりかねるところですが、いずれにせよ、支給されて当然の残業代をわざわざ固定額の手当にし、募集要項に記載して賃金を水増しするようなことはしていないことがわかります。また、深夜早朝の労働は、少なくとも当然に予定されているものではないこともわかります。

●比べると課題が見えてくる

ワタミと日本銀行の大卒初任給を比較してみました［図表３－１］。ワタミの賃金の水増しぶりがよくわかるのではないでしょうか。

そして、これらの情報からは、残業代を通して労働条件を分析する際のいくつかのポイントを見いだすことができます。

(1)　まず、賃金の額を比較するときは、単純に額面を比較するのではなく、基礎賃金と固定残業代等を分けて考える必要があります（この区別につい

[図表３－１]

		ワタミ	日本銀行
大卒初任給の賃金月額		24万2326円	20万5410円
①	(a) 基礎賃金	16万0000円	20万5410円
	(b) 固定残業代等	8万2326円	0円
②	(c) 年間所定労働日数	258日	244日
	(d) １日の所定労働時間数	8時間	7.5時間
	(e) 年間所定労働時間数	2064時間	1830時間
③	(f) 月平均所定労働時間数	172時間	152.5時間
	(g) 基礎時給	930円	1347円

ては一三〇頁以下でくわしく解説します）。もっとも、①(b)のうち除外賃金にあたる家族手当、住宅手当などを手厚く支給することで労働者を保護する企業も少数ながらあるとは思いますので、基礎賃金が多い事業所が必ず好条件であるとは限らないことに一応注意が必要です。

(2) 次に、賃金額だけに着目するのではなく、それに対応する事業所の一日、年間の所定労働時間にも着目すべきだ、ということです。基礎賃金の額が同じ事業所であれば、対応する年間の所定労働時間が少ないほうが残業代の基礎時給が上がります。その分、好条件の事業所と言えるでしょう。見た目の賃金が高いのに、基礎時給が低くなる事業所は要注意なのです。

(3) そして、どんなに賃金が高くても、法定時間外労働、深夜早朝労働が多い事業所はやはりキツイということです。

(4) さらに、固定残業代など、残業代を払わない口実となりやすい制度が導入されている事業所は要注意です。

(5) 最後に、いろいろな情報を駆使しても、分析ができない場合は、その企業は危ない企業だと思ったほうがよいでしょう。

そして、すでに述べたように①(a)〜②(d)の情報さえ取得すれば、その企業の賃金や労働時間の分析ができます。

基礎賃金は多く、年間所定労働時間数は少ないほうがいい

ここで、もう一つの企業に登場していただきましょう。居酒屋「天狗」をはじめとする飲食店を展開するテンアイランド株式会社（以下「天狗」）です。同社の求人ページからリンクされた就職活動用サイト「マイナビ」の同社のページ（二〇一四年一一月二〇日現在）を元に同社の大卒初任給について同様の分析をしましょう。マイナビのページからは次の情報が読み取れます。

初　任　給…二〇万二二〇〇円
年間休日数…一一八日（ひと月一〇日、二月は八日）
一日の所定労働時間数…14：45〜23：45（実働八時間、休憩六〇分）

これについて同様の分析を行ないます。

① 賃金月額

(a) 二〇万一二〇〇円

※マイナビの募集要項に深夜早朝割増賃金に関する記載がありません。こういう記載をしている企業は初任給に22：00～23：45の一・七五時間分の深夜早朝割増賃金が含まれている可能性があります（この問題については一四〇頁で解説します）。しかし、この会社はランチ実施店舗で9：30以降の交代制勤務としており、この場合、深夜労働はないはずですが賃金は変わらないようなので、募集要項に書いていないだけで、深夜早朝割増賃金が別に支給されている可能性があります。募集要項の記載がやや不明確と言えます。そこでさらにハローワーク（公共職業安定所）に出された同社の求人を見たところ、初任給とは別に一万一〇〇四円の「深夜手当」が固定給として支払われていました。

(b) 固定残業代等…一万一〇〇四円

※深夜早朝割増賃金の一時間当たりの単価は基礎時給一二二二円×〇・二五＝三〇六円（一円未満は四捨五入）です。一万一〇〇四円÷三〇六円≒三六時間（厳密に言うと若干足りません）となり、同社で定型的に予定されている月間深夜労働時間とほぼ一致します。深夜労働がこの時間を超える場合は、当然、追加で支払われる必要があります。また、この会社も住宅手当などの除外賃金があります。

② 労働時間

(c) 年間所定労働日数…二四七日

一年三六五日－一一八日

(d) 一日の所定労働時間数…八時間

募集要項に明記。

(e) 年間所定労働時間数…一九七六時間

二四七日×八時間

③ 残業代

(f) 月平均所定労働時間数…一六四・六七時間

一九七六時間 ÷ 一二か月。小数点第三位四捨五入。

(g) 基礎時給…一二二二円

二〇万一二〇〇円 ÷ 一六四・六七時間。一円未満は四捨五入。〇・六七時間は約四〇分。

これをワタミと比較してみると次のページの【図表3 - 2】のようになります。

居酒屋を営む東証一部上場企業同士の両社で、見た目の賃金はワタミのほうが高いですが、内実を分析すると、天狗のほうがかなり充実した労働条件ではないでしょうか。

仮に天狗で四五時間の法定時間外労働をすると、一二二二円×一・二五＝一五二八円(一円未満四捨五入)となり四五時間を掛けると六万八七六〇円となります。これがワタミの五万二三二六円に対応します。しかし、天狗は、求人広告や『就職四季報』によれば、残業時間を「一〇時間程度」としており、労働者にそのような長時間残業はさせないようで、時間外割増賃金についての固定残業代も設定しないのです。

もちろん、天狗を賞賛ばかりはできません。マイナビには記載がありませんが、同社のハローワークの求人票によれば、同社は「一か月単位の変形労働時間制」を採用しています（八〇頁以下でくわしく解説します）。会社が労務管理を厳格に行なえば、残業代を発生させずに労働者を弾力的に働かせることができますが、適用要件は厳しく（弾力化により労働者の負担が増えるので当たり前です）、また労務管理がルーズになれば、かえって会社にとって長時間労働をさせる言い訳となり、会社による〝賃金泥棒〟の温床となります。

［図表3－2］

		ワタミ	天　狗
大卒初任給の賃金月額		24万2326円	21万2204円
①	(a) 基礎賃金	16万0000円	20万1200円
	(b) 固定残業代等	8万2326円	1万1004円
②	(c) 年間所定労働日数	258日	247日
	(d) 1日の所定労働時間数	8時間	8時間
	(e) 年間所定労働時間数	2064時間	1976時間
③	(f) 月平均所定労働時間数	172時間	164.67時間
	(g) 基礎時給	930円	1222円

　実際、この制度を導入していても適正に運用できていない例は多く見られます。天狗がこの制度を適正に運用しているとすれば、労務管理（労働者の労働時間管理）に人的な資源をたくさん投入しているはずです。

　いずれにせよ、同じ一日八時間労働制の企業でも、年間の休日が一一日違うだけで、年間所定労働時間数や、残業代の基礎時給算定の際の月平均所定労働時間数に差が出ます。年間所定労働時間数の違いだけで、天狗はワタミより約四・五％分賃金が高いことになります。基礎賃金の額の差ももちろんですが、この年間所定労働時間数の四・五％の差が基礎時給の差になって現れます。

もちろん休日は多いほうがいい

　また、事業所の年間の所定休日数からは、その企業の休日の取り方が見えてきます。週四〇時間、一日八時間労働制の職場で年間所定休日を記載した場合、最低限は一〇五日～一〇四日となります。これは祝日も年末年始も関係なく、週休二日制の職場です。逆に言えば、一日八時間労働制の場合はこれが最低限の水準です。一日の労働時間が八時間未満（たとえば七時間）の場合、土曜日を半日出勤にするなどして休日がもっと少なくなる場合もあります。

なお、「休日」と「休暇」（有給休暇など）は意味が違います。有給休暇をいくらとっても年間所定休日数にはカウントされません。この点は一二七頁を見てください。

そして、このように祝日が休みではない職場でさらに変形労働時間制（八〇頁以下参照）が導入されていると、休日が「ひと月九日、二月は八日（年間一〇七日）」というような記載となる場合があります。こういう職場は一週間以上連続勤務もありうるキツイ職場です。また、変形労働時間制は会社が長時間残業を放置し、残業代を払わない言い訳となりやすい制度なので、要注意となります。

一方、公務員並みの休日数（たとえば「土日祝は休日、年末年始は一二月二九日〜一月三日が休日」と記載されている）とされている職場では、その年のカレンダーにより年間休日数が変わります。この休日パターンについて、最近と今後の一〇年分の休日数をかぞえると［図表3-3］のようになります。

だいたい、一一八日〜一二四日という数字に

［図表3-3］

	休日日数	年間所定労働日数
2012年	118	248
2013年	121	244
2014年	123	242
2015年	123	242
2016年	122	244
2017年	118	247
2018年	120	245
2019年	121	244
2020年	124	242
2021年	121	244

なることがわかります。いくら働くと言っても、本当は祝日くらいは休みを取りたいものではないでしょうか。これくらいが健全な休日数だと言えると思います。そして、年間休日数がこの数字を超えるようなら、休日が比較的多い職場ということになると思います。最近、〝ホワイト企業〟として有名になった未来工業株式会社は年間の所定休日数が一四〇日あるそうですが、これが本当なら、今の日本のなかでは休日数がかなり多いほうなのではないかと思います。

一方、求人広告に記載されている年間所定休日数が七〇日代の事業所など、年間一〇五日～一〇四日を割り込む事業所もあります。このような事業所は、次のような可能性が考えられます。

(1) 単なる違法行為をしている
(2) 平日の所定労働時間を少なくして交替や隔週で土曜日に半日出勤などにする
(3) 変形労働時間制を導入して四週六休制などにしている
(4) 従業員一〇人未満の一定の職種のみに適用可能な週四四時間労働制【労働基準法四〇条、労働基準法施行規則二五条の二】をあえて導入している例外的な週四四時間労働制の制度は適用可能な事業所でも導入する必要はなく、社会保険労務士や弁護士などの専門家が会社に〝入れ知恵〟している可能性もあります。違法な運用がされる可能性も高い制度です。

総じて、このように年間所定休日数が少ない職場は、他の点から労働条件がしっかりしているという確証が得られない場合は、できるだけ避けたほうがよいといえるでしょうし、就職活動の段階で休日数が少ない理由を率直に尋ねたほうがよいと思います。

長時間労働、深夜・早朝の労働はキツイ＝健康によくない

月給制の場合で、年間所定労働日数が同じでも、一日の所定労働時間が七時間三〇分になっているなど、八時間よりも少ない場合があります。所定労働時間が八時間より少ない事業所のほうが労働条件がよいと言えます。試しに、ワタミの労働条件について、所定労働時間のみを一日七時間三〇分とし、基礎時給を比較すると［図表３－４］のようになります（固定残業代や除外賃金はないものと仮定します）。

基礎時給も大きく変わってくることがわかります。そして、所定労働時間が少ない企業のほうが、長時間労働に対しても抑制的な考え方をしている（そのような労使関係が存在

している）可能性が高いでしょう。

時間外労働、法定休日労働、深夜早朝労働を行なった労働者に対して割増賃金が支払われる趣旨として、「過重な労働に対する補償」があることはすでに述べました。また、長時間残業が場合によっては過労死やメンタル疾患に至る場合もあることもすでに述べました。長時間残業は睡眠不足を引き起こし、疲労の蓄積につながります。いわゆる〝過労死ライン〟の月八〇時間、一〇〇時間の残業も、実は、残業による睡眠不足の可能性を考慮したものです。

また、人間は日中に活動する動物です。そのような動物である人間が本来は寝るべき深夜早朝（労働基準法では二二時〜五時と定義されています）に労働を行なおうとすれば、昼間よりも生理的に無理をする必要があるため、血圧が上がったりするなど体への負荷が高まります。また、このような体への負

［図表３－４］

		ワタミ	1日の所定労働時間の短い架空企業
①	(a) 基礎賃金	16万0000円	16万0000円
	(b) 固定残業代等	—	—
②	(c) 年間所定労働日数	258日	258日
	(d) １日の所定労働時間数	8時間	7時間30分
	(e) 年間所定労働時間数	2064時間	1935時間
③	(f) 月平均所定労働時間数	172時間	161.25時間
	(g) 基礎時給	930円	992円

荷は、昼夜を完全に逆転させた生活が続いても、なかなか解消しないことも知られています。

一方、本来は起きているべき昼間にはなかなか熟睡できません。これも疲労蓄積につながります。これまた、過労死につながりかねないのです。

いくら残業代がきちんと支払われるとしても、長時間残業や深夜早朝労働が当たり前になっている事業所はやはり〝キツイ〟です。また、『就職四季報』で平均残業時間がノーアンサーとなっている事業所は、この点について答えたくない——かなりの長時間残業があるか、まともにカウントしていない——残業代をきちんと支払っていない事業所である可能性があります。また、実際の就労環境が〝キツイ職場〟である可能性もあります。人によっては、二〇代前半の若い間はかなりの無茶をしてもなんとかなってしまう場合もありますが、そのような場合でも二〇代後半となり、三〇代に至ると、体にこたえるようになりますよ。

結局、長く働き続けられる勤務先を探すためには、このような残業の多さや、深夜早朝労働の有無も十分に考慮する必要があるということになります。交代勤務により深夜早朝労働が制度化されている事業所では、深夜シフトの連続勤務数が最大何日あるのかなど、できる限りの情報を集めたほうがよいでしょう。この点、国際労働機関（ＩＬＯ）の一九九〇年「夜業に関する勧告」では、次のように言及されています。

- 労働時間は、単なる出勤または待機の時間が相当多く含まれている場合などを除き、夜業に従事するいかなる二四時間においても八時間を超えないこと
- 労働時間は、一般的に同じ仕事を同じ要件で昼間行なっている労働者よりも平均して少なく、昼間の労働者の平均を決して上回らないこと
- 夜業労働者の超過労働はできる限り回避すべきこと
- 夜業をともなう交替勤務の場合、不可抗力や事故の場合を除き二連続の勤務は行なうべきでないこと
- 夜業を含む勤務には、休息・食事のための休憩時間を含むべきこと

しかし、このような基準をすべて満たす事業所はなかなか無いのが現状ではないでしょうか。

また、深夜早朝の労働が当然に予定されているのに、深夜早朝の割増賃金について記載がない事業所も要注意です。昭和二四年に労働行政において「労働協約、就業規則その他によって深夜の割増賃金を含めて所定賃金が定められていることが明らかな場合には別に

深夜業の割増賃金を支払う必要はない。」〔昭和二三・一〇・一四基発一五〇六号〕という行政通達を出したため、これを悪用して賃金に深夜早朝の割増賃金が〝込み込み〟で含まれている扱いの事業所があり、それを追認する裁判例があるためです。今日、このような運用自体、違法な固定残業代と言うべきでしょう。

残業代を払わない口実になる制度は気をつけろ！

残業代を支払わない口実となる様々な制度が導入されている事業所では、長時間労働が横行している可能性があります（七一〜八七頁参照）。

年俸制、固定残業代、変形労働時間制、裁量労働制が導入されている職場や管理職扱いで残業代が支払われない〝名ばかり管理職〟は、要注意だと言えます。

固定残業代、裁量労働制が導入されている場合の特徴の一つとして、提示される賃金額がやたら細かく、一円単位まで決まっていたりします（もちろんそうではない場合もあります）。提示される賃金に一円単位、一〇円単位の端数がある場合は要注意と言えます。ワタミの大卒初任給二四万二三二六円はまさにこの例です。

また、たとえば、『就職四季報』（二〇一五年版）を発行している株式会社東洋経済新報社の大卒初任給は二四万八六三〇円で、一〇円単位の賃金設定ですが、『就職四季報』には賃金体系について特別な記載がありません。ところが、同社のホームページで中途採用の募集広告を見ると、編集・記者には裁量労働制が導入されていることが明記されています。さきほどの賃金は、時間外労働の賃金も〝込み込み〟で、かつ、法定時間外労働をどれだけしても、増額はない前提の賃金の可能性があります。

逆に、「年俸四〇〇万円」のように年額を大まかな数字で提示する年俸制の事業所も要注意です。これも固定残業代などが〝込み込み〟になっている可能性があります。

一方、変形労働時間制は、求人広告で明記していない場合も多く、要注意です。しかし、すでに述べた天狗の事例のように、マイナビには記載がなくても、ハローワーク（公共職業安定所）に提出する求人には正直に書いてある場合が比較的多いようです。

記述があいまい、誇大広告の疑いがあるのは論外

この章では、求人広告を駆使して企業の労働条件を分析してきましたが、一番やっかいなのは、分析をうまくできない企業です。このような企業の労働条件には、見えない裏がある可能性が潜んでいます。

たとえば、私が担当した事件〔トレーダー愛事件・京都地裁平成二四年一〇月一六日〕は、冠婚葬祭業の企業が経営する京都にある外国人向け高級ホテルの従業員について、基本給一四万円、成果給一三万円、宿日直手当三万九〇〇〇円が支払われており、成果給と宿日直手当が固定残業代とされていた事案です。

この事件では、固定残業代を無効とする裁判所の判決が確定し、残業代を一から払い直してもらいましたが、この会社がハローワークに出している大阪勤務の生花作成スタッフに関する求人票には、賃金については下のような記載があります（二〇一四年一一月二〇日現在）。

◉ 日給月給

基本給（月額平均）または時間額
14万円 ～ 24万円

定額的に支払われる手当
0円

合計　14万円 ～ 24万円

その他の手当等付記事項
成績手当

総支給　約18万円 ～

最低額が一四万円、定額的に支払われる手当はゼロ、「総支給約一八万～」という記載がされているので、基本給一四万円に加えて「その他手当」が最低四万円支給されることになりますが、この四万円が、固定残業代なのか、除外賃金なのか、基礎賃金に入る賃金なのか、判然としません。このようなあいまいな記載は要注意と言えます。

私が担当した大手引越企業の事件でも固定残業代が用いられていました。求人広告では二〇万円を超える賃金が総額表示されていましたが、実際は正社員採用時に「採用・諸手当の取り決め」と題したA４一枚の紙に署名押印させ、そのなかに細かい文字で、広告で提示した賃金を基本給部分と固定残業代部分に割り振る旨記載していました。

この引越企業は一つの会社であるかのように広告をしていますが、ホームページで会社概要を見ると、実は地域別に業務子会社を作って営業しています。現在、地域別の業務子会社がハローワークに出している求人票には、同じ「セールスドライバー（二t～四t）」なのに、「月給」について［図表３‐５］のような違いがあります（いずれも二〇一四年一一月二〇日現在。なお表記方法を統一しました）。

同じ業務に従事する求人について、東京と大阪でこれだけ提示額が違うのは不思議という他ありません。固定残業代で水増しされた賃金の可能性があります。

［図表３－５］

大阪勤務	東京勤務
a 基本給（月額平均）又は時間額 26万3600円～40万9600円	a 基本給（月額平均）又は時間額 23万2500円～37万5000円
b 定額的に支払われる手当て 0円	b 定額的に支払われる手当て 0円
a＋b 26万3600円～40万9600円	a＋b 23万2500円～37万5000円
c その他の手当等付記事項 家族手当 0～3万円	c その他の手当等付記事項 家族手当 5000円～3万円

ブラック企業は回避できるのか

このように、残業代という視点から企業分析をすると、その企業の労働条件や場合によっては労務管理の方針までが見えてきます。一方で、企業がわざとあいまいな求人広告をしたり、誇大な広告を行なっていると、もはや労働条件を判断することが困難です。

また、求人だけ立派でも、実際には、様々な形で残業代を払ってくれない会社では、結局意味がありません。

そこで、ブラック企業の見分け方もいろいろと提唱されています。たとえば、離職率の高い企業、他の似たような規模の企業に比べて募集数が極端に多い企業、残業が多かったり有休消化率が低い企業、不安定なアルバイトを多数使用している企業、やたら「楽しさ」「やりがい」や精神論を強調する企業などは、要注意です。ブラック企業の見分け方についてはさきほど紹介した今野晴貴『ブラック企業』や古川琢也『ブラック企業完全対策マニュアル』（普遊舎新書）、清水直子『ブラック企業を許さない』（かもがわ出版）など多数が出版されていますので、目を通してはいかがでしょうか。

しかし、これらの視点を駆使しても、やはり就職前にブラック企業を完全に見抜くことは難しいでしょう。そして、ある時まではとくに問題のなかった企業が、突然の経営方針の転換によってブラック化することもあるのです。その背後に、弁護士や社会保険労務士などの専門家がいる場合もあります。

ブラック企業を上手に避ける生き方には限界があるし、うまく避けた人の代わりに誰かが犠牲になります。また、同業他社にブラック企業がある業界では、ブラック企業により高い価格競争力があるため、他の〝よりましな企業〟の労働条件に引き下げ圧力がかかります。いわば、悪貨が良貨を駆逐してしまうのです。

自分一人が賢く生きるだけでは、悪化する労働条件の回避は難しいのが現代の日本なのです。

「詐欺じゃん!!」

居酒屋ワタミ
月収
24万円
えっ!?
労働契約
基本給
19万円
労働契約書

ガーン
基本給19万円
(うち、3万円は深夜手当)
+
45時間の残業込み
(5万円)
…で、計24万円
労働契約書

第4章

私でも残業代を請求できますか？

実際の労働現場では、様々な理由をつけて、会社が労働者に対して残業代を支払わないことが多々あります。それが問答無用の社内ルール（当然、違法です）である場合もあれば、労働基準法の規定に則っているふりをしている脱法行為の場合もあります。以下では、会社が残業代を支払わない理由としてよく挙げられるものを検討していきます。

個人事業者にされている

この場合、問題となるのは、労働基準法が適用される「労働者」とは何か、です。「労働者」であれば、契約が「委任」「請負」「業務委託」などになっていても、会社は残業代を払わなければならないし、「労働者」でなければ、労働基準法の適用がないので、支払い義務はありません。

労働基準法九条は「この法律で『労働者』とは、職業の種類を問わず、事業又は事務所（以下『事業』という。）に使用される者で、賃金を支払われる者をいう。」としています。「労働者」か否か（これを「労働者性」といいます）については、厚生労働省の労働法研究会が発表した報告書などで、判断基準がまとめられています。一九八五年の報告書で示された「労働者」か否かの判断のポイントは次のようになります。

(1) 仕事の依頼への諾否の自由の有無

業務指示を断れる場合は労働者性が否定される要素です。なお、アルバイトなどで、ある日に勤務を入れるか否かに自由がある場合は、これとは別問題です。その場合は勤務が入った日の関係を見ます。

(2) 業務遂行上の指揮監督の有無

業務の進め方について指示の度合いが強いほど労働者性が強まる要素となります。

(3) 業務遂行について時間的・場所的拘束性の有無

タイムカードや日報で時間管理されていたり、勤務場所が定められている場合は労働者性を強める要素となります。

(4) 業務遂行に関する代替性の有無

自分自身に代わって他の人に仕事をやらせてよいかどうかの問題です。委任や請負の場合は可能（業務を下請に出せる）であるのが大原則です。一方、労働者の場合、代わりの人にやってもらうことはあまりありません。アルバイトの勤務を他の人に交代してもらう場合などは結局、その交替した人と使用者の間に直接的に労働契約があるので、これとは別の問題です。

(5)　報酬の算定・支払い方法

報酬が時間給になっているなど結果による報酬格差が少ない場合、欠勤控除がある場合などは労働者性を強める要素になります。

(6)　その他

(1)~(5)だけで判断がつきにくい事例では補助的に(a)機械・器具の費用負担、(b)報酬額の大小、(c)専属性の有無、なども検討します。これらの要素の有無により、「労働者」であるか否かを総合評価することになりますが、この点が争いになる多くの事例では労働者性は認められ、会社には残業代の支払い義務があります。

会社が「労働者ではない」と言い張っても無駄（ゼンショーの場合）――

実際には、タイムカード、日報、近年は携帯電話やスマホで業務の時間を管理し、業務の進め方についてもいちいち指示をしているのに、会社が労働者性を否定してくることはよくあります。代表的な事例は、牛丼の「すき屋」を経営している株式会社ゼンショー（以下、「すき屋」）がすき屋で勤務していたアルバイト従業員に対して残業代を支払っていなかった事件です。二〇〇八年四月四日に首都圏青年ユニオンに加入していたスタッフらが提訴し、二年以上も審理したのち、判決直前の二〇一〇年八月二六日に、会社が突如として、従業員の請求額全額を支払ってきました。労働者である以上、会社側が散々引き延ばししても、結局、最後は支払わざるをえないのが、残業代なのです。

そして、「すき屋」はこの件も含め、労働者の処遇が悪い点を批判され、ブラック企業の烙印を押されて、二〇一四年には労働者酷使の末に職場崩壊のような状態を起こしました。今後、労働者いじめをして失った信頼を回復するのはなかなか難しいでしょう。

「あぁ、うちの会社は残業代とかないから」

実際、労働現場で多いのは、労働者であることは大前提なのに、「うちの会社は残業代の制度はないから」とか「うちには労基法の適用はないから」とか、残業代について質問しても無視されるとか、その類《たぐい》の問答無用の社内ルールではないでしょうか。

しかし、労働基準法という法律は、「労働者」である以上、万人に適用され、その保護を受けます（ただし国家公務員だけは別）。社内でいかなる勝手ルールを作っても、労働基準法の適用を避けることはできませんし、したがって、残業代の請求はできます。

また、「残業の許可をしていない」とか「それは研修。残業ではない」といった場合もあります。

実際にどっさり仕事を振られて、残業せざるをえないのに、いざ、支払いの段階になると、会社が「残業の申請が出ていない」「残業を許可していない」「自主的な研修であって残業ではない」など、様々な理由をつけて残業代を払わないことがよくあります。これは、「労働時間性」と言われる問題です。くわしくは九〇〜九五頁を見てください。たとえば、直接的に残業の命令が出ていなくても、残業申請をしていなくても、上司が、①労働者が時間外勤務を行なっていたことを認識し、②時間外勤務を知りながらこれを止めない、のであれば、労働時間＝残業時間と認められるのが一般的な傾向です。また、始業前の掃除、業務の準備、朝礼、研修、業務後の後片付けも、労働時間＝残業時間になりえます。労働時間に当たるかどうかは、会社の指揮命令下にあるか、という観点から客観的に決まるもので、会社が「これは労働時間」「これは労働時間ではない」と勝手に決められるものではありません。会社の言い分を鵜呑みにせず、時間の記録をしておくことが大切です。

「年俸制だから残業代はないよ」

一般的に誤解されている場合も多いようですが、日本の労働法には、年俸制だからといって残業代を払わなくてよい制度は存在しません。裁判例でも、「名ばかり管理職」と

「固定残業代」が併用された年俸制について、残業代の支払いを一からやり直しをさせた事例がたくさんあります（たとえば創栄コンサルタント事件・大阪地裁平成一四年五月一七日）。

年俸制で残業代が支払われない場合は、多くの場合、①単なる違法行為、②「名ばかり管理職」扱いされている、③「固定残業代」が導入されている、④「裁量労働制」が導入されている、のいずれかであったり、②③の組み合わせだと思われます。どの制度が導入されているのかは事業所の「就業規則」や、「雇用条件通知書」、「労働契約書」などを見ればわかるはずです。年俸制で残業代が支払われない場合は、どのような理由で残業代が支払われないのか、分析する必要があります。

そして、いずれにせよ、年俸制だからという理由で残業代が支払われていない場合は、違法である場合も非常に多いと思われます。

固定残業代の本当の意味

「固定残業代」とは、残業代をあらかじめ決められた固定額の賃金で支払うものです。基本給などに残業代相当額が組み込まれるタイプ（組み込み型）と独立した手当として一定額支給される場合（手当型）があります。

このような固定残業代が支払われていても、それに対応する時間を超える時間外労働がある場合、会社は残業代の計算をして別途支給しなければならず、固定残業代が支払われているからといって、必ずしも会社の給与計算の手間が省けるわけではありません。また、仮に残業代が固定分に対応する時間に満たない場合に、固定額を支払わなくてよいわけでもありません。本来、会社にとって、固定残業代のメリットはあまりありません。

しかし、実際には、固定残業代が横行しています。このように横行する固定残業代には、別の意味があります。①見かけの賃金を高くすることで労働者を誘引し、②基礎時給に算入される賃金（基礎賃金）を少なくすることで残業代単価を切り下げ（基礎時給に算入される賃金が最低賃金をもとに算定されている事例は裁判例でも言及されています）、③一方で固定残業代の額を多くすることで残業をしても別途の残業代が発生しない仕組みにするのです。

そして、残業時間が多くなり、固定残業代に対応する時間を超過する場合でも、結局別途の残業代計算を行なわず、あたかも残業時間にかかわらず残業代の金額が固定される払い切りの給与であるかのように運用される例が多いのが現状です（もちろん、このような意味の固定残業代は違法です）。

そして、④労働者が残業代を請求しても「すでに払っている」などとして時間の引き延ばしをはかり、請求を断念させようとします。

固定残業代の適法要件については、まだ「管理監督者」のような体系的な判断手法が確立しているわけではありませんが、現在進行形で確立しつつあります。すなわち、固定残業代が時間外割増賃金の支払いである場合は、固定残業代とされる賃金が労働基準法三七条の時間外割増賃金の支払いとしての実質を有していることが必要で、要件はそれ一つです。

そして、それを判断するための要件（ないし要素）として①固定残業代の金額の明示、②固定残業代に対応する残業時間の明示、③対応する時間を超過した場合の清算、④固定残業代制度が労働契約の内容になっていること、などです。それ以外でも時間外割増賃金の支払いとしての実質を否定する事情があれば否定されます。固定残業代が労働基準法三七条の時間外割増賃金や法定休日割増賃金、深夜早朝割増賃金の実質を有していることは会社側に主張・立証責任があります。

固定残業代が違法となる場合、そもそも、残業代は一円も払っていないこととなり、会社は固定残業代とされた賃金も基礎賃金にしたうえ、一から残業代を払いなおす必要があります。私が担当した前述のトレーダー愛事件では、会社は裁判所から三〇〇万円近い支払いを命じられています。会社にとっても非常にリスクの高い制度だと言えます。

実際の求人広告で見られる例では、たとえば「組み込み型」の固定残業代では

月給…二七万円（諸手当含む）

とか、

月給…二七万円（うち五万円は残業代）

という記載がよく見られますが、実際の労働契約でそのように記載されていた場合は違法となる可能性があります。

また、手当型の場合、

基本給…二二万円　　営業手当…五万円　※営業手当は残業代見合い

などと、小さい字で書いてあったり、賃金の表示と少し離れた場所に記載してあったりします。固定残業代の表示としてもっとも典型的なのはすでに何回も取り上げているワタミ

の例ですが、同社のホームページの募集要項の該当箇所だけ取り出すと、

〔月収〕二四万二三二六円
〔内訳〕基本給…一九万円、時間外勤務手当…五万二三二六円（時間外勤務四五時間）

と記載され、基本給が一九万円に固定残業代が四五時間分で五万二三二六円つくように見えますが、これは、計算をしてみると数字が合いません。一方、この記載からだいぶん離れた下のほうを読むともう一度

初任給　基本給…一九万円（うち深夜手当三万円含む）
超過勤務手当…五万二三三五円（時間外勤務四五時間）

という記載があります。

固定残業代である「超過勤務手当」の金額がずれているのが気になりますが、すでに述べたように、五万二三三五円のほうが正しいように思われます。そして、ここで、基本給一九万円には深夜手当（深夜早朝割増賃金に対応する固定残業代と思われます）三万円が

含まれており、実際の基礎賃金は一六万円であることが初めてわかるのです。

このような求人広告は必ずしも禁止されていませんし、何も記載せずに求人をしておいて、労働契約書に署名押印する段階や、さらにひどい例になると入社後に「実はこの手当は残業代」などと説明することすらあります。

しかし、求人広告の表記や就業規則などが完璧であっても、対応する時間外労働の時間を超過した場合に実際に清算をしていなければ、固定残業代の適法性が疑わしくなることはすでに述べたとおりです。

曖昧に記載された固定残業代を見破るコツとしては、まず、募集要項を端から端までよく読むことです。そして、提示されている賃金に一円単位や一〇円単位の端数がある場合、同じ業界の他社に比べて賃金の提示額が不自然に多い場合、賃金の総額を表示して「諸手当込み」などとしている場合は要注意です。

くり返しますが、まじめに賃金計算をする会社にとって、固定残業代の本来的なメリットはほとんどありません。この制度を導入している企業は、残業代をまともに払う気がないと言っているようなもので、要注意なのです（固定残業代のチェックポイントについては、［図表４－１］を見てください）。

[図４－１]

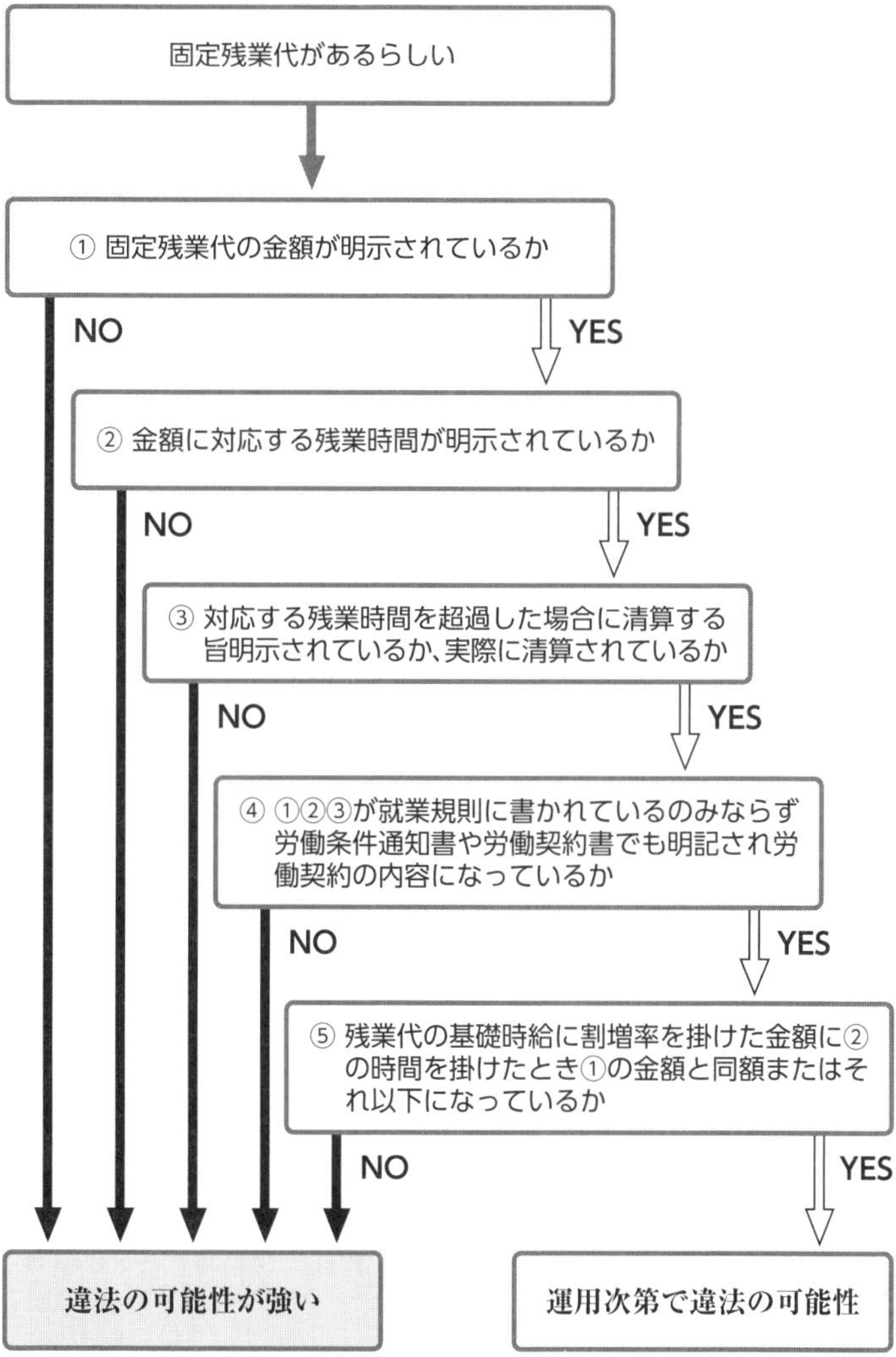

※この表は私が2014年に「ブラック企業対策プロジェクト」の皆さんとともにハローワークの求人票における固定残業代の表示状況の適法性を調査した際の分析手法をもとにしたものです。

変形労働時間制は使用者も鬼門

労働基準法は週四〇時間労働制、一日八時間労働制を大原則としていますが、これは概念的にはタテの枠（一日八時間）とヨコの枠（週四〇時間）のなかでしか労働者を働かせてはいけませんよ、という制度です。そこから外れて労働させることは犯罪であり、労使が合意して法定の手続を取った場合にのみ一定の基準内で労働者が残業をすることが許され、かつ、その残業に対しては割増賃金を支払わなければならないのです。

変形労働時間制は、制度別に①「一か月以内」【労働基準法三二条の二】、②「一か月を超え一年以内」【労働基準法三二条の四】、③「一週間」【労働基準法三二条の五、労働基準法施行規則一二条の五】の各期間を平均して、一週間当たりの労働時間が、週四〇時間を超えない範囲内であれば、週四〇時間、一日八時間を超えて労働者を働かせても時間外割増賃金を支払わなくてよい、という制度です。

一日八時間のタテの枠を取り払い（ただし①と③の制度には一日一〇時間の上限枠あり）、週四〇時間というヨコの枠も事前に計画した一定の期間内で平均化して達成していれば、個別の週ではヨコの枠を超過してもよい（時間外割増賃金を払わなくてもよい）という制度だとも言えます。繁忙期の波がある事業所にとっては有効な制度といえます。

このように、会社からすると、しっかり労務管理をすればメリットのある変形労働時間制ですが、労働者からすると、要するに労働者を守るためにある法定労働時間制の枠を規制緩和されて会社に便利使いされたうえ、枠の範囲内では時間外割増賃金をもらえない制度です。

そして、もとの考え方がこのように「残業代を払わずに柔軟化した法定労働時間制の枠内で目一杯労働者を便利使いする」制度なので、変形労働時間制を採用している企業は休日数が少なく、年間の所定労働時間が多くなる傾向があります。全体的に、この制度は労働者にとってはデメリットが大きいと言えます。就職先を探す際、変形労働時間制を採用していることは減点要素だと言えるでしょう。

複雑な制度なので、残業代の計算も複雑です。たとえば一か月単位の変形労働時間制に関する時間外労働の計算は次のとおりです。

① 一日については

- 所定労働時間が八時間を超えるときはその時間を超えた労働時間
- それ以外の日は一日八時間を超えた労働時間

② 一週間については、①の時間外労働時間を除き
・所定労働時間が四〇時間を超える週についてはその時間を超えた労働時間
・それ以外の週は週四〇時間を超えた労働時間
③ 変形期間全体については、①②の時間外労働時間を除き右の変形期間の所定労働時間を超えた労働時間

はっきり言って、訳がわからないですね。私は弁護士ですが、イマイチ、実感が沸きません。こんな制度を法律の知識がない現場で適正に運用するのは至難の業だと思います。この制度のもとで、残業代の計算を間違われたときに、適正に請求できる労働者がはたしてどれだけいるのでしょうか。

そして、このような複雑な制度について、適正に導入されていることを、すべて会社側が主張・立証する責任があります。少しでも違法な点があれば変形労働時間制は否定され、原則どおりの方法で残業代の計算がされます。

一年以内の変形労働時間制は、導入要件も、手続も、さらに複雑です。残業代に疑問を感じるようなら、とりあえず違法だと思って、専門の弁護士に相談するのがよいでしょう。

一週間単位の変形労働時間制についても、紙面との関係で、本書では触れません。

事業場外のみなし労働時間制は時代おくれ

この制度は、労働者が事業場外で業務に従事した場合において、労働時間を算定し難いときは、事業所の所定労働時間労働したものとみなすものです【労働基準法三八条の二】。

このように、原則として労働者が事業所の所定労働時間を労働したものとみなされる制度ですが、労働基準法三八条の二第一項ただし書きでは「当該業務を遂行するためには通常所定労働時間を超えて労働することが必要となる場合においては、当該業務に関しては、厚生労働省令で定めるところにより、当該業務の遂行に通常必要とされる時間労働したものとみなす。」とされています。この「通常必要とされる時間」は事業場外労働の実態をふまえたうえで適正に算定されなければなりません。会社が、「八時間とみなす」と言い張っても、実際にそれを大きく超えて労働している実態があれば、そのような主張は認められないのです。

実際にこの制度が導入されているのは外勤の営業マンなどが多いと思われますが、通信機器が高度に発達した現代においては、会社からの指示だけは電話やメール・ＬＩＮＥなどのＳＮＳを通じて頻繁に来たり、業務内容は日報で報告させるのに、労働時間は「みなし」とされることも多いようです。このような場合「労働時間を算定し難い」とは言えないので、そもそも、この制度を適用することができません。

最近、海外旅行の添乗員の残業代請求について、事業場外のみなし労働時間制の適否が問題になった阪急トラベルサポート（第二）事件最高裁判決〔平成二六年一月二六日〕＊も海外勤務の旅行添乗員について、会社側の事業場外みなし労働時間の主張を否定し、日報等により労働時間を認定しました。訴訟で、会社側の事業場外のみなし労働時間制の主張がそのまま認められた事例はあまりないのが現状で、今後ますます難しくなるでしょう。

最近目立つ脱法手段・裁量労働制

裁量労働制には「専門業務型」「企画業務型」の二種類があります。裁量労働制とは、実際の労働時間数にかかわりなく、労使協定（専門業務型）または労使委員会の決議（企画業務型）で定められた時間数だけ労働したものと「みなす」制度です。あくまで「みなす」制度なので、労働基準法が定める休憩、休日、時間外・休日労働、深夜早朝労働についての規制が適用されます。たとえば、一日の「みなし」の労働時間が一〇時間なら二時間分の割増賃金（〇・二五分）の支払いが必要だし、法定休日、深夜早朝の労働についても割増部分（法定休日は〇・三五分、深夜早朝は〇・二五分）の支払い義務があります。また、時間外労働や休日労働については、当然、三六協定の締結も必要です。

現行の裁量労働制は、労働の量、仕事の期限は会社が決めることになるため、労働者が長時間労働を押しつけられ、かつ、労働に見合った正当な対価を請求することができないという根本的な問題点があります。

実際には、対象業務ではない業務を行なっている場合や、労働者に業務遂行に関する裁量がなく（たとえば出退勤の時刻が定められている）など、実際には適用できない労働者に脱法的に導入して残業代を払わない例が多いようです。専門業務型の裁量労働制について裁判所で違法とされた例があります〔エーディーディー事件・京都地裁平成二三年一〇月三一日、大阪高裁平成二四年七月二八日〕。この件は、いわゆるシステムエンジニアにしか導入できない専門業務型裁量労働制をプログラマーに適用していた事例ですが、裁判所は法律を厳格に適用し、違法としました。専門業務型裁量労働制を導入可能な職種については「専門業務型裁量労働制―厚生労働省」＊のページで調べられますのでそちらでも確認してください。

制度が違法な場合、使用者は労働基準法の原則どおり一から残業代を支払い直さなければならず、エーディーディー事件でも会社は裁判所から五〇〇〇万円以上の高額の支払いを命じられています。

現在、政府が導入しようとしている〝残業代ゼロ〟制度は、この裁量労働制の延長線にあるもので、さらに規制緩和して、残業代を払わないことを合法化しようとするものです。このような制度は〝過労死促進法〟、〝ブラック企業育成法〟になってしまいます。

〝名ばかり管理職〟は違法

一定の肩書きがつくと途端に残業代がつかなくなり、昇進でかえって所得が下がる話はよく聞きますが、このような場合に悪用されているのが「管理監督者」の制度です。

しかし、労働基準法四一条二号の「管理監督者」に該当するか否かは、一般的に①職務の内容、権限および責任の程度（経営者と一体的な立場で仕事をしているか否か）、②実際の勤務態様における労働時間の裁量の有無、労働時間管理の程度（出社退社や勤務時間について厳格な規制を受けていないかどうか）、③待遇の内容、程度（その地位にふさわしい待遇がなされているか否か）の三つの要素を総合的に考慮して判断されています。

〝主任〟〝リーダー〟〝係長〟〝課長〟〝部長〟〝店長〟などの肩書きがついていても、①②③の要素をすべて満たしていなければ、「管理監督者」にはならず、ふつうに残業代を支払わなければなりません。一般に使われる「管理職」と労働基準法上の「管理監督者」は同じではないのです。たとえば日本マクドナルド事件〔東京地裁平成二〇年一月二八日〕では、マクドナルドの店長の「管理監督者」性を否定しました。それなりの権限を持っているマクドナルドの店長程度でも、「管理監督者」とは認められないのです。

最近流行したテレビドラマの『半沢直樹』では、主人公・半沢直樹（堺雅人さん）の役職は「東京中央銀行」という架空の都市銀行の「大阪西支店」の融資課長から始まり、東京本部営業第二部次長に昇進し、ドラマの一番最後では東京中央銀行の子会社の部長としての出向を命じられます。一般的に、都市銀行支店の課長では「管理監督者」にはならない可能性が高く、本部次長レベルでは「管理監督者」に当たるか否かは微妙で、いずれもドラマでは描かれていない権限次第でしょう。あのドラマで「管理監督者」の典型事例は本部の取締役部長以上のクラス（香川照之さんが演じる大和田常務、森田順平さんが演じる岸川部長）です。「管理監督者」に当たるといえるためには、本来、それぐらい厳しいハードルをクリアする必要があるのです。

名ばかり管理職が違法である場合、会社は一から残業代を支払い直す必要があります。日本マクドナルド事件でも、会社は裁判所から五〇〇万円以上の高額の支払いを命じられています。

残業代は絶対に払わないといけません

第5章

残業代請求のために今の職場でできること

そもそも労働基準法の「労働時間」とは何なのか

残業代を請求するためには、当然ながら労働時間を計測して記録する必要があるのですが、そもそも記録すべき「労働時間」とは何なのでしょうか。裁判実務や学説ではおおむね、労働時間について「会社の作業上の指揮監督下にある時間または会社の明示または黙示の指示によりその業務に従事する時間」としています。残業が会社の指揮命令下にある＝労働時間であるといえるためには、明示の残業命令がある必要はなく、黙示の業務指示があればよいとされます。裁判例では、黙示の業務指示の判断基準として、たとえば①時間外労働の必要性、②業務状況についての抽象的認識、③明示的な業務禁止はなかった、という要素を挙げており〔デンタルリサーチ事件・東京地裁平成二二年九月七日〕、これが満たされる場合には、直接の残業指示がなくても労働時間＝残業時間となりえます。

裁判所で労働時間と認定された様々なケース

実際の裁判では、様々な性質の時間が労働時間だと認定されています。労働時間である以上、所定労働時間外であれば、会社は労働者に残業代を支払う必要があります。労働者の側から見れば、「これは残業ではない」と諦めずに記録していくことが重要だ、ということです。

なお、これから紹介する事例も、会社の指揮命令下の行為であり、明示または黙示の指示にもとづく業務性を認められたからこそ労働時間だと認められたものです。同種の事案でも場合によっては労働時間性が否定された例もあるので注意が必要です。つまり必要があって残業する以上は真面目に仕事しよう、ということです。

手待時間《てまちじかん》は労働時間

「手待時間」とは作業と作業の間の待機時間のことを言います。手待ち時間は、会社の指示があればただちに作業に従事しなければならない時間であり、会社の指揮命令下にあるので、労働時間です。仮眠時間、滞留時間も手待ち時間の一種です。

すし屋で板前見習、裏方として勤務していた労働者について、休憩時間について「客が途切れた時などに適宜休憩してもよい」という約定だった事例について「現に客が来店した際には即時その業務に従事しなければならなかったことからすると、完全に労働から離れることを保障する旨の休憩時間について約定したものということができ」ない、として労働時間とした事例があります〔すし処「杉」事件・大阪地裁昭和五六年三月二四日〕。

仮眠時間も労働時間

労働者が泊まり込みでビル設備の管理業務を行ない仮眠室で仮眠はできるものの突発の事態には対応しなければならなかった事例で、最高裁は「不活動仮眠時間において、労働者が実作業に従事していないというだけでは、会社の指揮命令下から離脱しているということはできず、当該時間に労働者が労働から離れることを保障されていて初めて、労働者が会社の指揮命令下に置かれていないものと評価することができる。したがって、不活動仮眠時間であっても労働からの解放が保障されていない場合には労基法上の労働時間に当たるというべきである。」などとし、仮眠時間全体を労働時間と認めました〔大星ビル管理事件・最高裁平成一四年二月二八日〕＊。当然、それに対応する残業代の支払いが必要になります。

準備時間、後片付け、朝礼（体操）、終礼は労働時間

最高裁判所は、造船所において、実作業に当たり作業服や保護具などの装着を義務付けられており、また上長の指示により義務付けられている作業について、これを怠る

と、就業規則に定められた懲戒処分を受けたり就業を拒否されたり、成績考課に反映されて賃金の減収にもつながる場合に、①午前の始業時刻前に更衣所などにおいて作業服および保護具などを装着して準備体操場まで移動し、②午前ないし午後の始業時刻前に副資材や消耗品などの受出しをし、また、午前の始業時刻前に散水を行ない、③午後の終業時刻後に作業場から更衣所まで移動して作業服や保護具などの脱離を行なった事例で、①~③のいずれも労働時間と認めました〔三菱重工長崎造船所事件・最高裁平成一二年三月九日〕＊。

そのほかにも、銀行員が始業時刻前に金庫からのキャビネット搬出や外勤の準備、男子社員が全員参加する会議に参加していた事例で、これらが始業時刻前に行なわれたときは時間外労働に当たるとされた事例もあります〔京都銀行事件・大阪高裁平成一三年六月二八日〕。

朝礼、体操、終礼も出席が義務づけられたり、明示、黙示の業務上の指示によるものであれば同様です。最近でも、終礼への参加が義務づけられていた場合に、終礼の終了時刻までを労働時間とした事例があります〔アクティリンク事件・東京地裁平成二四年八月二八日〕。

研修や小集団活動も労働時間

研修も、自由参加ではなく強制的に行なわれれば労働時間です。自動車教習所の教習用語統一のための研修会について労働時間制が認められた事例があります〔八尾自動車興産事件・大阪地裁昭和五八年二月一四日〕。

このことは企業で行なわれる小集団活動についても言えます。トヨタ自動車の過労死事件として有名な労災認定を求める行政訴訟において、会社の事業に直接役立ち、会社の支援のもとに行なわれる創意くふうなどの改善提案・ＱＣサークル・小集団での活動について、人事考課でも考慮されていた事例で、「労災認定の業務起因性を判断する際には、会社の支配下における業務であると判断するのが相当」とされました〔トヨタ自動車事件・名古屋高裁平成一五年七月八日〕。

移動時間だって労働時間

出勤のための時間は労働時間ではありません。

一方、出勤後の業務上の移動時間は労働時間となる場合が多々あります。所定労働時間が八時から一七時とされている請負工事に従事する会社の労働者について、駐車場兼資材置き場で資材を積み込んでから朝六時五〇分までに事務所に出勤し、打ち合わせをした後に自動車で（会社の主張によると一時間から一時間半かけて）作業現場に移動していた事案で、移動時間を労働時間と認めました〔総計事件・東京地裁平成二〇年二月二二日〕。

厚生労働省も、通達やそれを元にした事業者向けパンフレットにおいて、訪問介護労働者の移動時間について原則として労働時間としています。他の業種でも、同じことです。

接待ですら労働時間

取引先等の接待が業務時間外に行なわれるときは、通常は労働時間とは認められません。しかし、労災認定を求める行政訴訟において、一定の厳格な要件のもとではありますが、接待の労働時間性を認めた事例があります〔ノキア・ジャパン事件・大阪地裁平成二三年一〇月二六日〕。

労働時間の証拠集め

①「これじゃなきゃだめ」という決まりはない

労働時間とは何かがわかったところで、次に労働時間をどうやって証明するかが問題となります。残業代請求については、原則として、労働者側が労働時間（残業時間）の証明（立証といいます）をしなければなりません。

もちろん、会社には労働時間の記録の保管義務や、労働時間を適正に把握する義務があることから、タイムカードを故意に捨てたり、隠したり、最初からわざと記録していなかったような場合、裁判所で労働者が救済される場合もありますが、原則は、原則です。こんなに大事なことは中学校卒業までに社会科で教育すべきですよね。

ただ、裁判例に現れている労働時間の立証の方法は実に多様です。今後、社会がますます情報化していくなかで、新たな立証方法も次々と生まれてくるでしょう。不当にしてタイムカードがない事業所でも、「何が使えるだろうか」という観点で証拠を探すことが重要なのです。

② タイムカード、コンピュータ上の出退勤管理システム

労働時間の立証について、タイムカードがもっとも典型的な証拠であることは間違いないでしょう。ただ、タイムカードについても無条件に信用性が肯定されるわけではなく、労働実態と合致していない場合には良い意味でも悪い意味でも信用性が否定される場合があります。労働者にタイムカードの打刻をさせておきながら、会社側が「タイムカードは

実態に合致していない」という恥知らずな主張をする場合すらあります。タイムカードの記載と労働実態の異同は確認しておくべきです。

しかし、タイムカードには特段の事情がない限り労働時間を事実上推定する力があるとする裁判例も多数あります。会社の「労働時間適性把握義務」を根拠にしてタイムカードについて労働時間を推定する力を与えている場合もあり〔プロッズ事件・東京地裁平成二四年一二月二七日〕、総じて信用性は高いです。

また、「会社は、労基法の規制を受ける労働契約の付随義務として、信義則上、労働者にタイムカード等の打刻を適正に行わせる義務を負っているだけでなく、労働者からタイムカード等の開示を求められた場合には、その開示要求が濫用にわたると認められるなど特段の事情のないかぎり、保存しているタイムカード等を開示すべき義務を負う」とされ、タイムカードを開示しない会社に対しては慰謝料請求が認められます〔医療法人大生会事件・大阪地裁平成二二年七月一五日〕。つまり、会社はタイムカードを隠してはならないのです。

個人使用のコピーにうるさくない職場なら、コピーを取る手もあるでしょう。それができない職場なら、タイムカードを携帯電話やスマートフォン（スマホ）で写真撮影しておくとよいでしょう。労働者からの依頼を受けて弁護士が就任すると、タイムカードのコピーを自主的に開示する会社も多々あります。

サービス業で多数の店舗を運営する企業などで、労働者の出退勤管理をコンピュータ上で行なっている場合も多いです。カラオケ店の店長についてPOSシステムに入力された出退勤時刻により認定した事例があります〔シン・コーポレーション事件・大阪地裁平成二一年六月一二日〕。

コンピュータ上（オンラインネットワーク上にあるものもある）の労働時間のデータは実体のあるタイムカードより改ざんしたり隠したりしやすいので、日頃から自分の労働時間に関するデータをコピーしておくなどしたほうがよいでしょう。

③ 業務上使用する業務日報など

業務日報の有無、位置づけは事業所によってまちまちですが、労働者が時間まで記載して報告している例も多くあります。そのような日報は労働時間の立証のための証拠になります。たとえば、旅行添乗員の業務状況を記した添乗日報等で労働時間を認定した判例があります〔前記阪急トラベルサポート（第二）事件〕。

その他、シフト表、出退勤時刻を記した出退勤表、取引先に労働時間を含めた業務状況を報告していた書類など、様々な形態の書類によって労働時間を認定した裁判例があります。

これらの書類も、コピーや、携帯電話の写真撮影などの方法で確保するとよいでしょう。

④　職場の警備記録または警備システムの作動・解除の記録

労働者の出退勤の時刻が職場の入居しているビルの警備記録に記載されている場合があります。有名な過労自死事件で、深夜の退勤者が記載する深夜退館記録簿、監理員巡察実施報告書をもとに労働時間を立証した事例があります〔電通事件・東京地裁平成八年三月二八日〕。やはり過労死の事件ですが、警備システムの解除、作動の時刻で労働時間を認定した事例もあります〔康正産業事件・鹿児島地裁平成二二年二月一六日〕。

警備システムの場合、労働者が個別にキーを管理していると、誰が解除、作動したのかまでわかります。労働者自身が警備システムの解除・作動を行なっていて始業時刻・終業時刻と警備システムの解除・作動の時刻がほぼ同様であったり、館内見回りとシステム作動を他の者に依頼して警備システム作動のおよそ何分前に帰宅するのが常であったかなど、作動の時刻と労働時間に一定の関係がある場合には証拠になりえます。

警備記録の情報開示は、警備システムの契約者である会社側に求めることになります。すぐに消える情報ではありませんが、警備会社が倒産することもありうるし、会社がなんだかんだと理由をつけて労働者個人に対しては開示しない場合が多いと思います。そのような場合は弁護士を通じて開示を要求することになります。

⑤　コンピュータ上の記録

業務にパソコンを使用している場合は、パソコンの中にログイン、ログオフの時間が記録されています。実際、パソコンのログイン、ログオフの記録により労働時間を認定した事例があります〔PE&HR事件・東京地裁平成一八年一一月一〇日〕。WindowsでもMacOSでも、おそらく他のOSでも、パソコン自体にログが記録される仕組みになっています。インターネットで検索すれば簡単に取得方法がわかります。

また、業務時間中のメールの送信から労働時間を認定した事例〔ゲートウェイ21事件・東京地裁平成二〇年九月三〇日〕、パソコン上のデータ保存記録（タイムスタンプ）やメールの送信記録によって労働時間を認定した例〔前記プロッズ事件〕、閉店業務後に営業報告書を電子メールで送信していた事例で、電子メールの送信時刻から定型的に閉店作業に必要な時間を算出して労働時間を認定した事例〔ココロプロジェクト事件・東京地裁平成二三年三月二三日〕があります。

さらに、テレフォンアポイントメントのシステムである「テレオールワン」に残ったログイン、ログオフ、架電時間、架電回数、通話回数などの記録、会社への報告のために、顧客との面談の日時、場所、内容や、所要時間などを記載していたGoogleカレンダーの記載から労働時間を認定した例もあります〔前述アクティリンク事件〕。

労働者が自主的に、出退勤時にパソコンのワープロソフトを起動させてファイルを作成・保存しタイムカード代わりにしていた事案で、ファイルの保存時刻を出退勤時刻として認定した事例〔十象舎事件・東京地裁平成二三年九月九日〕もあります。

業務でパソコンを使用する例は多いと思います。パソコンでは、様々な工夫をして労働時間を記録していくことができます。

⑥ タコグラフ

タコグラフ（運行記録計）とは、自動車のタコメーター（回転速度計）の状況を時系列的に記録する装置です。

アナログのものに加えて、最近はデジタル化したものもあります。バスと一定の地域のタクシー【旅客自動車運送事業運輸規則二六条】、一定の重量以上のトラック【貨物自動車運送事業輸送安全規則九条】にはタコグラフの設置が義務づけられていて、一年間の保管義務があります。実際はそれより長期にわたって保管されている例も多いようです。トラック、バス、タクシーなどの運転手については、タコグラフを使用して労働時間を立証する例があります〔トラック運転手について、大虎運輸事件・大阪地裁平成一八年六月一五日〕。

⑦　勤務形態そのものからの労働時間認定

定型的な勤務形態そのものから労働時間を認定する例もあります。たとえば、過労死した研修医の平日勤務、休日勤務、副直勤務についてそれぞれの勤務内容から類型的に労働時間を認定する例〔関西医科大学事件・大阪高裁平成一四年五月九日〕、美容院の開店時刻を始業時刻とし、就業時刻はレジ締め時刻に一五分を足した時刻とした事例〔トムの庭事件・東京地裁平成二一年四月一六日〕、タイムカードのない事業所で労働者が定時的に行なわれる終礼に参加していた場合に定型的な終礼の終了時刻を終業時刻とした例〔前記アクティリンク事件〕などです。毎日の労働時間が決まっており、かつ、それが法定労働時間を超過している場合は、出勤日さえわかれば、残業時間がわかるので、有効な方法です。

また、タイムカードなどを打刻しているのに、実際の出勤後や退勤前に打刻させられている場合は、その後定型的にどれくらいの業務を行なっていたかを立証する方法もあります。

⑧　公共交通機関の利用記録

最近は公共交通機関の乗車券がＩＣ化され、乗降時刻、乗降車駅等の情報が蓄積される仕組みになっています。ＩＣ乗車券の利用履歴にあった職場最寄り駅への入場時刻を使用して労働時間を立証した事例があります（ＨＳＢＣサービシーズジャパンリミテッド事件・東京地裁平成二三年一二月二七日）。また、プリペイド式の乗車券も広く普及しており、自動改札通過時に裏面に時刻と駅名が記載されるため、保管している場合には同様に立証手段となりえます。

過労死の労災事案ですが、自動車で出勤して職場近くの公営駐車場に駐車していた事例で、入出庫の記録を情報公開請求で取得し、それを使用して労働時間を認定した例があります。この事案では公営駐車場だったため情報公開請求をできたのですが、私営の場合でも、利用者の代理人弁護士から弁護士法上の照会があれば開示される可能性はあります。

有料道路を使って通勤している場合には、ＥＴＣの通行記録を使用できます。私が担当したある過労死事件では、京都市の郊外から毎日高速道路を使用して通勤していたところ、データを管理している西日本高速道路株式会社（ＮＥＸＣＯ西日本）から弁護士法上の照会手続でＥＴＣの通行記録を取り寄せ、ＥＴＣのゲートから職場までの移動に必要な時間を控除した時刻を出退勤の時刻としたところ、その情報も用いて労働時間を認定し、労災認定されました。

これも有名な居酒屋の過労死の損害賠償請求事件ですが、被災者が自宅最寄りの駅で利用していた駐輪場の入庫時刻とその後の事業所最寄り駅までの乗車時間等を考慮し、朝九時までに出勤していたと認定したうえ、九時一五分には業務を開始していた旨認定した事例があります〔大庄事件・京都地裁平成二二年五月二五日〕。なお、高裁判決では出勤時刻は平均して九時一五分に修正されています。

労働者は事業所から退勤した後、寄り道をするのも、まっすぐ家に帰るのも、自由です。そのため、公共交通機関の記録は労働時間そのものとはズレが生じる可能性があります。さきほどのHSBCサービシーズジャパンリミテッド事件でも、IC乗車券の利用記録は補助的な証拠として使われています。労働時間の立証のために、公共交通機関の記録を使用する場合は、労働を終えてから、時刻が記録されるまでの間にそのような寄り道の要素がどの程度入っているかに留意する必要があります。

⑨　完全な証拠が揃わなくても諦めない

以上のように、労働時間を立証する証拠の例について述べましたが、残業代請求の訴訟では、提訴の時点では必ずしも完全な証拠が揃っているとは限りません。私が担当した事件でも、証拠ゼロの状態で訴訟に踏み切り、会社に次々に証拠開示させるなかで立証に成功した事案もあります。タイムカードをはじめ、労働者の労働時間の記録は会社に三年間の保存義務があり【労働基準法一〇九条】、また、日報などの業務上の資料は会社側も常に必要なため、これらの資料が破棄される可能性はあまり高くないのです。

また、証拠が不完全で、労働者側が労働時間を立証しきれない場合でも、会社がタイムカードの設置を怠っていたり、隠滅してしまったような場合は、会社側の「労働時間適正把握義務」を根拠にするなどして労働者側の立証責任を軽減し、裁判所が労働時間を概括的に推計する場合もあります。

最初の時点で手元に証拠がないからといって簡単に諦めないことが重要です。

記録が無いなら自分で記録すればいいじゃない

① 手書きメモで労働時間を認めた裁判例はたくさんある

会社が労働時間を記録していない場合や、ある時間で強制的にタイムカードを打刻してしまう場合、残業の申請ができない場合など、会社側が記録するべき労働時間を記録していないことはたくさんあります。

このような場合、労働者側で作成した労働時間の記録を証拠として使用します。労働者が作る記録には、公式の日報などを作るための下書き、タイムカードの記載時刻を転記したもの、業務スケジュールをスケジュール帳に詳細に記載していった結果労働時間の立証ができてしまうもの、労働時間の記録のために随時または事後的に記載したものなど様々なものがあります。残業代を請求したくて弁護士に相談にくるような人はこのような記録をこまめに作成していることがしばしばあります。

このような手帳の記載については、労働実態と齟齬がなければ信用性が認められます。とくに、会社側がまともに労働時間管理をしていない場合は威力を発揮します。

裁判例でも、手書きノートの記載から時間外労働を認定したもの〔NTT西日本ほか（全社員販売等）事件・大阪地裁平成二二年四月二三日〕、作業日報を作成するために労働者が出勤時間、作業内容および就業時間を記録していたダイアリー〔かんでんエンジニアリング事件・大阪地裁平成一六年一〇月二二日〕、原告の手帳から部分的に休日出勤の労働時間を認定した例〔ジャパンネットワークサービス事件・東京地裁平成一四年一一月一一日〕などがあります。

② 自分で労働時間を記録するときのポイント

記録すべき事項は①始業時刻、②終業時刻、③休憩時間（可能なら○時～○時の時刻も）、④業務内容（可能であれば）、です。記録が詳細であるほど、証拠としての価値も高まりますが、日々の忙しい業務のなかでやれることの限界はあると思いますので、できる範囲で行なうようにしましょう。また、記録は、できれば、電子データで行なうよりも、手書きのほうがよいでしょう。手書きの資料は事後的な改ざんが難しく、証拠価値が高いからです（手書きをする暇が無いなら電子データでもＯＫです）。

次のページに記録用紙の書式例を示します［図表５‐１］。あくまで例ですので、自分の労働実態に即した用紙を作成してみて下さい。

また、最近はスマホのアプリで労働時間を記録するものがあります。たとえば「GPS Punch!」は、労働時間、休憩時間、業務内容、移動の軌跡などをすべて管理できるおそるべき労務管理アプリですが、逆に労働者が個人的に使用して労働時間を把握することができます。外勤が多く、スマホを常に持ち歩いているような人はこのようなアプリを使用する方法もあると思います。

③　手帳に始業、終業時刻を書くだけでも証拠になる

また、普段から、業務日程を手帳に書き込む習慣がある人はたくさんいると思います。私的に日程をメモする手帳を持っている人も多いですよね。この手帳に、始業時刻、終業時刻を書き込むだけでも、証拠としての信用性はあります。

このような記録を作成するうえで注意すべきなのは、記録はなるべく記憶が鮮明な間

[図表5-1]

年/月/日	始業時刻	終業時刻	休憩時間		業務内容
			開始時刻	終了時刻	
/ /					
/ /					
/ /					
/ /					
/ /					
/ /					
/ /					
/ /					
/ /					
/ /					
/ /					
/ /					
/ /					
/ /					
/ /					
/ /					
/ /					
/ /					
/ /					
/ /					
/ /					
/ /					
/ /					
/ /					
/ /					
/ /					
/ /					
/ /					
/ /					
/ /					
/ /					
/ /					

（できれば当日）にすることです。あとでまとめて記録をすると、どうしても現実とのズレが生じやすく、他の客観的な証拠とズレると証拠としての価値が下がります。

労働時間以外の証拠集め

残業代の請求を行なうには、労働時間（残業時間）を把握するだけでなく、賃金の支払われ方や所定労働時間をはじめとする労働条件を知る必要があります。また、残業代請求に限らず、自分の労働条件（会社と労働者との間の労働契約の内容）を知ることは重要なことです。

これらのことを知ることのできる書類は残業代の請求を始めた後に代理人弁護士を通じて入手できるものもありますが、労働者本人が保管しておかないとあとで収集するのが難しい書類もあります。入社して以降、会社から配付された書類はすべて保管しておき、足りないものは追加してどんどん収集していく、くらいの気持ちでいたほうがよいでしょう。

① 入社前の求人広告、求人票など

企業に入社する際、たとえばリクナビ、マイナビのような求人サイトの求人広告や、就

職支援雑誌の求人広告、ハローワーク（公共職業安定所）の求人票を見て応募する場合はかなり多いと思います。

自分が応募する企業について、これらの広告や求人票を保管しておいたほうがよいでしょう。入社時や入社後になって、会社が求人の時とは異なる労働条件を〝後出し〟してくる事例は頻繁にあります。そこで違いを指摘したり、あとで権利を回復するためにも、これらの書類は必要です。入社前の書類にはなかなか注意が向かない人が多いですが、ぜひ保管しておきたい書類です。

② 労働条件通知書（就業条件明示書）

労働者が会社のもとで働き始める際には必ず、労働契約が締結されます（たとえ労働者が無意識でも締結されています）。そして、労働契約を締結する際、会社は労働者に対して、書面で労働条件を明示する書面を交付しなければなりません【労働基準法一五条、労働基準法施行規則五条】。この書類を「労働条件通知書」「就業条件明示書」などと言います。記載すべき事項はいちいち述べませんが、たとえば巻末（一七四〜一七五頁）にあるような書式を使用する場合が多いです。

労働条件通知書に記載された労働条件と、実際の労働条件が異なった場合、労働者は即刻労働契約を解除できることとされています【労働基準法一五条二項】。また、それのみならず、労働条件を知るためには非常に重要な書類です。捨てずに保管しましょう。

また、この書面の交付は会社の義務ですので、もらっていない場合は、会社に対して、入社時に必ず発行するように言いましょう。万一発行してくれなかった場合は、そのこと自体を手帳などに記録したほうがよいでしょうし、明白な違法行為なので、労働基準監督署に通報することも可能です。

③ 労働契約書

労働条件通知書は、会社が労働者に対して一方的に交付する差し入れ文書ですが、労働契約書は、労働者の労働条件について、会社と労働者が書面で合意して、署名押印する契約書です。猪瀬直樹・前東京都知事が五〇〇〇万円の借財をして問題となったときに、「借用書」と「金銭消費貸借契約書」の違いが問題となりましたが、あれも差し入れ文書と契約書の違いです。五〇〇〇万円もの大金を借りるのに借り主である猪瀬氏が作成する一方的な差し入れ文書で済ますのはおかしいのではないか？　契約書を作って利率や返済の方法、時期などをきちんと取り決めるべきではないのか？　という疑問が出されたわけです。

労働契約についても同様のことが言えます。労働者と会社の間の契約条件は労働契約書できちんと確認しておいたほうがよいでしょう。

④　就業規則、賃金規程

常時一〇人以上の労働者を使用する事業所では「就業規則」を作成し、所轄の労働基準監督署に届け出る必要があります。就業規則とは、始業および終業の時刻、休憩時間、休日、休暇、賃金、退職などの事項について会社が定めた規則で、適法に定められ、労働者に周知された就業規則は労働契約の一部となります（ただし労働協約、個別の労働契約のほうが労働者に有利な場合はそれらが優先します）。

事業所の所定労働時間、休日の定め、固定残業代の制度の有無、変形労働時間制の導入の有無などはすべて就業規則に書いてありますので、自分の労働条件を知るうえでも、在職中に入手しておきたい書類です。

就業規則は、退社後に残業代請求をする場合に、代理人弁護士を通じて入手することもできますが、ひどい企業になると、都合の悪い部分をそのつど改ざんしたりする場合もあります。また、これがあると残業代の計算をスムーズに行なえ、事件の見通しもつきやすいため、残業代請求手続の立ち上がりのスピードが変わってきます。できるだけ事前に入手しておいたほうがよいでしょう。

就業規則を発見できない場合は、会社に正面から「見せてください」と言いましょう。すでに述べたように、就業規則は労働契約の内容になるものなので、会社は労働者に対して〝はい、喜んで！〟という感じで示さなければならない性質のものです。就業規則を見せてくれといって嫌な顔をする会社はブラック企業の素質があります。閲覧した就業規則はコピーをとる、携帯電話で写真撮影するなど、適宜証拠保全に務めましょう。コピーを断られた場合は、そのこと自体を手帳に記載しておきましょう。

就業規則が見当たらないのに、会社に閲覧を求めることができない事情や雰囲気がある場合は、本来あるべき場所（たとえば総務部のあたりやスケジュールボード・タイムレコーダーの近く、従業員休憩室など）を手当たり次第写真撮影しておくのがよいでしょう。実際の労働事件では、普段、就業規則を隠しているのに、事件化すると、これ見よがしに就業規則を壁に吊した写真を出してきて「いつでも閲覧できたから周知はできている」と言ってくる会社がしばしばあります。

賃金規程も就業規則の一種ですが、企業によっては、物（冊子）として、就業規則とは独立した別個の規則になっている場合も多くあります。その点の見分け方は就業規則本体に残業代の計算方法について記載があるか否かです。その条文が無い場合や「別途賃金規定に定めるところによる」とだけ書いてある場合もあります。「就業規則」と書かれた書類を入手しただけで満足しないように注意しましょう。

⑤ 三六協定書

三六協定書《さぶろくきょうていしょ》はすでに述べたように、会社が労働者を適法に残業させるための大前提となるものです。三六協定書には時間外労働時間、法定休日労働時間の上限が記されていますので、固定残業代の引き当てとなる時間外労働時間と三六協定で許される時間外労働時間が一致しているか、また、署名をしている労働者代表が適法に選出されているか、などをチェックします。

もっとも、残業代の不払いをするような職場でこの書類を入手できる職場はそう多くないと思います。自分が労働者代表になりやむなく署名押印する場合や、親しい労働者が労働者代表になるときなど、コピーを入手する機会があるときはしておきましょう。

⑥ その他の協定書

変形労働時間制、専門業務型の裁量労働制を導入する際も労使協定書が必要です。企画業務型の裁量労働制を導入するためには労使委員会による決議文を労基署に提出する必要があります。これらの文書を入手できる場合は、しておいたほうがよいでしょう。

⑦　業務カレンダー

業務で交替勤務制、シフト制、変形労働時間制などが採用されている事業所を中心にして、業務カレンダーが作成され、労働者に配付されている場合があります。

このような業務カレンダーも労働時間の立証に使用できる場合がありますので、業務年が終了した後も、捨てずに取っておくべきです。

⑧　給与明細書

給与明細書については説明するまでもないと思いますが、捨てずに保管しましょう。残業代の法律相談にくる人のなかには給与明細書をきれいにファイリングしている人がいたりして感動します。また、会社が発行してくれない場合もありますので、その場合は発行を要求しましょう。給与明細書の発行は、意外なことに労働基準法ではなく、所得税法で義務づけられています【所得税法二三一条】。

給与明細書は賃金の額が書いてあるだけでなく、賃金の費目が書いてあるので固定残業代の支給がされているか否かについて一定の推測ができる場合があったり、会社が把握している時間外労働、深夜早朝労働、休日労働などが記載されている場合もあるので有用です。

また、給与明細書は、労働者の同意があった場合は、電子メールなどにより送付することが認められていますが、私が過去に見た最悪の事例は、電子メールで送るのは給与明細が掲載されたURLのみで、リンク先の給与明細書はしばらく経つと消去されてしまうというものでした。電子媒体の給与明細書はパソコンやスマホの故障などで意図せず紛失することもありえるので、プリントして保管しておいたほうがなおよいと思います。

⑨ 源泉徴収票

源泉徴収票は年末から年明けにかけてや退職時に会社から発行される書類です【所得税法二二六条】。その年の賃金総額などが記載されています。

この書類は賃金額の記載が役に立つというより、支払い義務者が明記されているので、会社が法人格を濫用している場合などの分析に役立つ場合があります。過去の分も手元に置いておくほうがよいでしょうし、必要があってどこかへ提出する場合もコピーを取っておいたほうがよいでしょう。

⑩　その他

作業マニュアル、社訓集など、会社から配布される様々な書類が労働時間の立証の役に立つこともあります。会社から配布された書類は捨てずに保管しておきましょう。

column

地域別・分野別子会社

第３章で紹介した引越企業の地域別子会社に関連して、同じ業務を行なうのに地域別で子会社が作られていた例として、トステム株式会社の例があります。トステム株式会社（現株式会社LIXIL）は、窓枠などの生産のために京都府綾部市に子会社であるトステム綾部株式会社を設立していましたが、2010年３月に、生産拠点を海外や国内の他工場に移すために工場を閉鎖してしまい、現地で採用されていた多くの従業員が離職しました。

しかし、トステム株式会社のホームページを見ても、「トステム株式会社～中略～では、綾部工場（京都府綾部市）を、2010年３月末をもって閉鎖することを決定しました。」と書かれており、トステム株式会社の綾部工場として扱われています。しかも、工場閉鎖が発表されたのは2009年10月のことであり、発表から閉鎖まで５か月ほどしかありませんでした。

一般的に、このような業務子会社のなかには、会社資産がほとんどなく、社屋の土地、建物や機械類まで親会社の名義になっており、幹部職員は親会社からの出向組で、業務子会社には労働者が所属しているだけで、親会社から業務子会社に対して労働者の賃金相当額が業務委託費として支払われているケースすらあります。

このように地域別（あるいは分野別）の業務子会社として細分化する形態を取りながら、全体として一つの会社であるように振る舞おうとするやり方そのものに、労働者の権利を軽視する要素が含まれてはいないでしょうか。

こういう企業実態は会社ホームページの会社概要や株主向けのレポートをよく読むとうっすらと見えてくることもありますが、求職者が行なう企業分析としてはちょっと高度かもしれません。

第6章
残業代の計算

残業代の計算を正確に行なうためにはいくつかの法律上の概念を知っておく必要があります。もちろん、これらの概念は暗記する必要はなく、必要なときにさかのぼって確認してください。

賃金体系ごとの基礎時給の計算式

① 基礎時給とは

残業代の計算をするためには「通常の労働時間又は労働日の賃金の計算額」【労働基準法三七条一項】を算出しなければなりません。長いので、略語を作る必要がありますが、時給額で算出されるため、私は法律家ではない方にもわかりやすいようにこれを「基礎時給」と言っています。基礎時給の算出方法は、労働基準法施行規則一九条（巻末一七六頁参照──読みやすいように現代仮名遣いなどに修正しています）で、月給制、日給制、時給制など給与形態ごとに定められています。

どんな賃金形態であっても、時給額で算出されるところが重要で、残業代はこの基礎時給に割増率を掛けた金額との関係で、時間に正比例して支払われる性質を持っています。

②　時給制の場合の基礎時給の計算式

ここでいう時給制とは労働基準法施行規則一九条一項一号の「時間によって定められた賃金」をいいます。要するに一時間ごとに賃金単価が定められた形態です。支払いが月ごとでも、賃金計算の方法が一時間当たりの単価×労働時間であれば、ここでいう時給制になります。

この場合の基礎時給は時給制の時給額をそのまま使用します。

ただし、基本は時給制でも、たとえば精勤手当などが月ごとに定額で支払われている場合は、その部分の賃金について後述の月給制の計算をして金額を加算することになります。この場合、基礎時給の額がそれなりに変わってきますので、時給制の人はそこを見落とさないようにしてください。またその際の「除外賃金」の扱いについても後述の月給制と同様です。

また、アルバイトでは、通常の時間帯の時給は九〇〇円だけど、人を集めにくい朝の時間帯（たとえば五時から七時）だけ、深夜早朝割増賃金とは関係なく、時給が一〇〇〇円になっていたりする場合もあります。このような場合は、労働時間が一日八時間や週四〇時間を超えた時点以降のそれぞれの労働時間帯の時給額を基礎時給としてそれに割増率をかけることになります。

③　日給制の場合の基礎時給の計算式

ここでいう日給制とは労働基準法施行規則一九条一項三号の「日によって定められた賃金」をいいます。要するに日ごとに労働時間は決まっているものの、賃金が時間単位ではなく日単位で定められている場合です。

この場合の基礎時給算出の計算式は、

日給制の基礎時給　＝　日給額　÷　一日の所定労働時間

です。

ここで注意が必要なのはこの計算式の一日の労働時間は「所定労働時間」であり、上限は八時間だ、ということです。たとえば一日の労働時間が常に一〇時間あるのが常の場合で、労働契約上、会社が法定時間内の賃金と法定時間外の賃金を明確に分けないで支払ってきた場合は、問答無用でその金額を八時間で割り、残りの二時間は別に時間外割増賃金を請求します。

また、時給制の場合と一緒で、基本は日給制でも、たとえば精勤手当などが月ごとに支払われている場合は、その部分の賃金について月給制の計算をして得られた金額を加算します。その際の「除外賃金」の扱いについても後述の月給制と同様です。

④　月給制の場合

●月給制とは

ここでいう月給制（労働基準法施行規則一九条一項四号の「月によって定められた賃金」）とは、その月の所定労働日数や所定労働時間数の違いにかかわらず、月決めで一定額の賃金を支払う形態です。たとえば、平年の場合、二月は二八日までしかなく、三月は三一日まであり、カレンダー上の休日の現れ方によっても月ごとの労働日数が変動しますが、それらによって各月の労働日数が違っても、月ごとに定額の賃金を支払う、ということです。

●月給制の基礎時給の計算式

月給の場合の基礎時給計算方法について、労働基準法施行規則一九条一項四号は「月によって定められた賃金については、その金額を月における所定労働時間数（月によって所定労働時間数が異なる場合には、一年間における一月平均所定労働時間数）で除した金額」としており、計算式にすると

基礎時給 ＝ 月給額 ÷ 月平均所定労働時間数

となります。

月給制の基礎時給計算は複雑ですので、以下でくわしく説明します。現在、わが国において会社の月給制サラリーマンに対する〝賃金泥棒〟が横行している背景には、月給制の残業代の計算方法が複雑すぎることもあると思っています。しかも、サラリーマン向けに、残業代の計算方法を丁寧にした本もほとんど見あたらないのです。これは日本の労働者にとっては本当に不幸なことだと思います。

月給制の場合の具体的な計算

① 月平均所定労働時間数

●月平均所定労働時間数を算出するための計算式

まず「一年間における一月平均所定労働時間数」（本書では「月平均所定労働時間数」と記載しています）を算出する必要があります。これを算出するためにさらに次のような計算式があります。

月平均所定労働時間数＝一年間の所定労働日数×一日の所定労働時間数÷一二（か月）

もう、いい加減、嫌になりますよね。あと一歩ですからもうちょっとおつきあいください。

●一年間の所定労働日数

一年間の事業所の所定労働日数は、自分で数える他ありません。ただ、会社は労働者に対して、労働条件通知書【労働基準法一五条、労働基準法施行規則五条】において、休日に関する事項を明示しなければならないので、結局、ハローワークの求人票や求人広告に年間休日数や休日の形態（たとえば「年間休日一〇七日」「月一〇日休日。ただし二月のみ九日」「完全土日週休二日制」「土日祝日年末年始休」など）が記載される場合が多いようですので、それをもとに年間休日数を数えることになります。

この際、休日数を数える起点となる日がいつなのか法律でも規則でも決まっていないという大問題があるのですが、一月一日にするか、給与の締め日が毎月一五日や二五日などの場合は、一月一日に一番近い給与計算上のひと月の初日（たとえば給与が毎月二〇日締めなら一月二一日）にするか、とりあえず適当に判断して決めましょう（裁判所ですらその程度のズレには割とテキトーなのでとりあえずはそれで構わないです）。

なお、公務員の勤務形態（土日祝日と一二月二九日から一月三日までが休日）の場合、年間の所定休日数、所定労働日数については第3章の［図表3‐3］（五四頁）を見てください。

●一日の所定労働時間数を掛ける

いずれにせよ、この一年間の所定労働日数に一日の所定労働時間を掛けることで、一年間の所定労働時間数を得ることができます。一日の労働時間が曜日によって異なる場合は実際のカレンダーに合わせた細かい計算が必要になります。

●一年間の所定労働日数

このようなややこしい計算の結果、やっと、一年間の所定労働時間数を得ることができます。この一年間の所定労働時間数の上限は、給与計算上の年をまたぐ変形労働時間制や週休制の例外適用の組み合わせなど、相当変則的な働き方でない限り、［図表6‐1］のようになります。また、そのように上限値を超える年がある場合、その前後の年は上限値より低い値になり、数年単位では平均化されるはずです。

一日八時間労働の場合、年間の労働日数は二六〇〜二六二日です。事業所の所定労働日を上限ぎりぎりにしておきながら、祝日や年末年始を定型的に有給休暇消化期間とし、会社が事業所を開所すらしないなど労働者が業務に従事できないような状態にする運用は違法です。それらの日は休日（本質的に労働義務を負わない日）となり、年間所定労働日にカウントしません。当然、有給休暇を消化したことにもなりません。

●月平均所定労働時間数早見表

このように、月給制の月平均所定労働時間数の計算は非常に煩雑なので、私が早見表を作ってみました（巻末資料一七七〜一七八頁）。

ただし、この早見表は事業所の一日の所定労働時間

［図表６－１］

		上限労働日数（1日8時間労働の場合）	1年間の所定労働時間数の上限	月平均所定労働時間数の上限
週40時間制	平年（365日）	261労働日／年	2088時間	174時間
		260労働日／年	2080時間	173.33時間
		休日不特定上限値	2085.71時間	173.80時間
	うるう年（366日）	262労働日／年	2096時間	174.66時間
		261労働日／年	2088時間	174時間
		平均値	2091.41時間	174.28時間

が一定時間（たとえば「八時間」とか「七時間四五分」とか）で固定されている場合しか使えませんのでご注意ください。事業所の一日の所定労働時間数の分数が五分単位の区切りでない場合は表の一番右側の一分の差分の数値を足し引きしたうえで、最終的には小数点第三位を四捨五入して使ってください。

●月平均所定労働時間が算定できない場合やとりあえずの計算をしたい場合

事業所の年所定労働日数が不明で、実態としてもほとんど休みなく働いていて、一年間の所定労働日数を特定できない場合があります。また、すぐには調べられないこともあります。そのような場合は、計算上の月平均所定労働時間の上限値である月一七三・八〇時間（平年）または一七四・二八時間（うるう年）を当面の値として用い、会社に問い合わせをすることになります。裁判例でも、このような場合に一七三・八一時間（四捨五入による切り上げと思われる）を月平均所定労働時間として援用する例があります〔前記アクティリンク事件〕。

●月平均所定労働時間数が一七三・八〇時間（一七四・二八時間）を越える場合

すでに述べたように、月平均所定労働時間数が一七三・八〇時間（うるう年は一七四・二八時間）を超えることは、ほとんどありません。計算結果がこれら値を超えた場合は事業所所定労働時間自体が労働基準法に反している（週四〇時間を超えている）可能性が高いです。その場合も、とりあえずは一七三・八〇時間（うるう年は一七四・二八時間）を月平均所定労働時時間数として用いて、会社に問いただすことになります。

●月平均所定労働時間数が就業規則で定められている場合

残業代の計算に用いる月平均所定労働時間数が固定の数字として就業規則（賃金規程）や内規で定められている場合があります。これが、実際に計算した月平均所定労働時間数より労働者に有利な場合は、それを使用します。

②　基礎時給算出の分子となる月給額（基礎賃金）の計算方法

●一方的な減給は無視して元の賃金を算入

一方、基礎時給算出の際の割り算の分子となる賃金（基礎賃金）は、原則として月ごとにすべての賃金を合計したものです。しかし、会社が「不景気」「業績が悪い」などの理由で一方的に減給し、労働者が本当の意味で自由な意思にもとづいて受け入れていない場合は、単なる賃金未支給に過ぎないので、減給前の賃金を用いることが重要です。一方的賃下げから三年後でも賃下げが無効とされた事案があります〔NEXX事件・東京地裁平成二四年二月二七日〕。この場合、減額された差額の賃金は残業代とは別に請求できます。

●除外賃金は除く

労働基準法三七条五項、労働基準法施行規則二一条に定められている「家族手当」や「通勤手当」などは「除外賃金」とされ基礎賃金に算入しません。それぞれの手当の趣旨は解釈例規などによると〔図表6－2〕のとおりです。

たとえば、賞与（ボーナス）は除外賃金なので算入しません。最近、ニュースで「賃上げ」が話題になったとき、会社側が基礎賃金を増額（ベースアップ＝ベア）せずに、ボーナスを増額するのは、実はこのあたりにも事情があります。また、賃金の性質については、手当の名称のいかんを問わず実際の趣旨から判断されます。

逆に「通勤手当」が通勤費の実費と関係がない場合、「家族手当」と称していても家族の有無や数に関係なく支給されている場合、「住宅手当」といいつつローンの額や家賃額に関わりなく定額を支給している場合など、各手当の実態がない場合は除外賃金となりません。この場合は原則どおり基礎賃金となります。

なお、除外賃金であることの主張立証責任は会社側にあるので〔そのことに言及した裁

［図表6－2］

家族手当	扶養家族数またはこれを基礎とする家族手当額を基準として算出する手当
通勤手当	労働者の通勤距離または通勤に要する実際の費用に応じて支給される手当
別居手当	単身赴任手当のこと。勤務の都合により同一世帯の扶養家族と別居を余儀なくされる者に対して、世帯が二分されることに伴う生活費の増加を補うために支給される手当
子女教育手当	労働者の子女の教育費を補助するために支給される手当
住宅手当	住宅に要する費用（賃貸の場合は居住に必要な住宅（これに付随する施設等を含む）の賃貸のために必要な費用、持家については、居住に必要な住宅の購入、管理等のために必要な費用）に応じて算出される手当
臨時に支払われた賃金	臨時的、突発的事由に基づいて支払われたもの、および結婚手当等支給条件はあらかじめ確定されているが、支給事由の発生が不確実であり、かつ、非常にまれに発生するもの。私傷病手当、加療見舞金、退職金等。
1か月を超える期間ごとに支払われる賃金	労働基準法24条2項で「毎月1回以上、一定の期日」の要件の適用がないものとして労働基準法施行規則8条で定める以下の賃金および賞与（ボーナス）。 ① 1か月を超える期間の出勤成績によって支給される精勤手当 ② 1か月を超える一定期間の継続勤務に対して支給される勤続手当 ③ 1か月を超える期間にわたる事由によって算定される奨励加給または能率手当

※社団法人全国労働基準団体連合会編『全訂 人事・労務管理シリーズⅡ 賃金』（労働調査会2013年）144頁以下の記述をもとに作成

判例として千里山生活協同組合事件・大阪地裁平成一一年五月三一日）、調べた結果、就業規則（賃金規程）にも労働契約書にも記載がなく、手当の趣旨が不明である場合などは除外されません。

●適法な固定残業代に限って除くが……

固定残業代とは何かについてはすでに述べたとおりです。しかし、労働者側で固定残業代を争いにしなくてよい事例はほとんどありません。固定残業代が問題になる事案では、固定残業代の引当になる時間を超過した場合の清算がされていない場合がほとんどであるところ、清算実態がないこと自体が固定残業代の有効性に大きな疑義を生じさせる要素だからです。

●労働契約上の基礎時給が法定の計算金額より高い場合

就業規則（賃金規程）において、基礎賃金と除外賃金を明記している場合はしばしばあります。本来、基礎賃金になるべきものを除外賃金にして違法に基礎時給を低下させるセコい就業規則も散見されますが（そのような就業規則はその部分は無効で、基礎賃金に算入して計算し直します）、一方で、本来は除外賃金にしてもおかしくない賃金が基礎賃金に含まれている場合もあります。そのような場合は、その賃金は基礎賃金に算入します。労働基準法はあくまで最低限の基準を定めたに過ぎないので、労使の契約で最低基準を上回る取り決めをするのはまったく問題ないからです。

③ 歩合給などの請負制賃金の基礎時給計算式

● 請負制の残業代の計算式

歩合給などの請負制の賃金「出来高払制その他の請負制によって定められた賃金」【労働基準法施行規則一九条一項六号】の残業代などの計算については、賃金算定期間（給与締め日がある場合にはその期間）ごとに、次の計算式で、別途残業代を計算する必要があります。

請負制賃金の基礎時給 ＝ 歩合給総額 ÷ 賃金算定期間の総労働時間

ここで「請負制」とは、行政解釈では「一定の労働給付の結果又は一定の出来高に対して賃率が決められるもの」などとされていますが広すぎます。「出来高払制」については「労働者の製造したものの量・価格や売上の額などに応じた一定の比率で額が定まる賃金

制度をいう。年間の労働をあらかじめ定めた目標に照らして評価する年俸制は、この出来高払には該当しない。」(前記菅野和夫『労働法』三〇八頁)、「出来高給の典型は、契約件数・契約高に応じて定められる営業社員の歩合給や、売上額の一定割合と定められたタクシー運転手の出来高給である。」(同二八二頁)とされます。

労働基準法は実質から考える法律です。私は、この定義に加え、「割増賃金について基礎分を支払済みと言えるような賃金算定方法を実態として取っていること」を要件にすべきと考えています。

●労働者に不利な残業代計算方法

請負制賃金については「時間外、休日又は深夜の労働に対する時間当たりの賃金、すなわち一・〇〇に該当する部分は、すでに基礎となった賃金総額の中に含められているのであるから、加給すべき賃金額は計算額の二割五分以上をもって足りる」とされ、一・二五の率で支払われるべき時間外労働割増賃金のうち、一・〇〇分は、手当の支払いにより支払い済みとされます。したがって時間外割増賃金の割増率は〇・二五(法定休日労働については〇・三五)となり、深夜早朝労働の割増率は〇・二五のままです。このように請負制賃金の残業代は計算方法が特殊なので、独立して残業代の計算を行なう必要があります。

また、請負制賃金については、労働者にとって著しく不利な計算方法が採られるため、事業所において「歩合給」などと扱われている賃金が本当に労働基準法施行規則一九条一項六号の「請負制賃金」の実質を有するものであるか否かについて慎重に検討する必要があります。

どういう残業に対してどのような割増賃金を請求できるのか

① 一日八時間超、週四〇時間超、月六〇時間超の労働について

さて、これで主立った賃金体系について、基礎時給の計算方法がわかったことになります。次に問題になるのはどのような残業に対して、どのような残業代が支払われるのかです。まず、一日八時間を超えて勤務時間が延長されたときは、

> 基礎時給×一・二五×一日八時間超の労働時間

の計算式で割増賃金を請求できます。

また週四〇時間を超えて労働時間がある場合も、

基礎時給×一・二五×週四〇時間超の労働時間

の計算式で割増賃金を請求できます。

ただし、一日八時間超と週四〇時間超が重複する場合でも割増率が一・五にはなりません。実務的には一日八時間超のタテの枠と、週四〇時間超のヨコの枠を超えた労働について一・二五の割増率が適用されると考えるのがいいでしょう。

実際の計算としては、まず一日八時間を超えた分の労働時間を計算し、そのうえで、週のなかで一日八時間以内の労働を足して四〇時間を超えた分について週四〇時間を超えた分の労働時間と考えることになります。一週の起点は、事業所で特別な決まりがない限りは日曜日です。

このような計算をした場合、週四〇時間超の労働時間が発生する可能性があるのは一日八時間以内の労働が週合計で四〇時間を超える可能性がある第六曜日（金曜日）か、第七曜日（土曜日）だけです。たとえば一日の所定労働時間七時間三〇分、一週の所定労働時間三七時間三〇分の事業所について表すと［図表6－3］のようになります（■が法内残業、▩が一日八時間超、▧が週四〇時間超、▨が法定休日労働を示す）。

月六〇時間超の時間外割増賃金については割増率が一・五となりますが、実務的には一日八時間超、週四〇時間超分の残業代に加えて、該当する時間外労働について、

> **基礎時給×〇・二五×月六〇時間超の時間外労働時間**

の計算式で割増賃金を請求することになります。

ただし、この月六〇時間超の割増残業代については労働基準法附則一三八条で適用事業所が限られており、会社（事業主）が次の二つの要件のどちらかに該当する場合にはそもそも適用されません。なお、労働者の数については事業所ごとではなく企業全体で計算します。

・中小事業主（その資本金の額又は出資の総額が三億円（小売業又はサービス業を主たる事業とする事業主については五千万円、卸売業を主たる事業とする事業主について

［図表6-3］

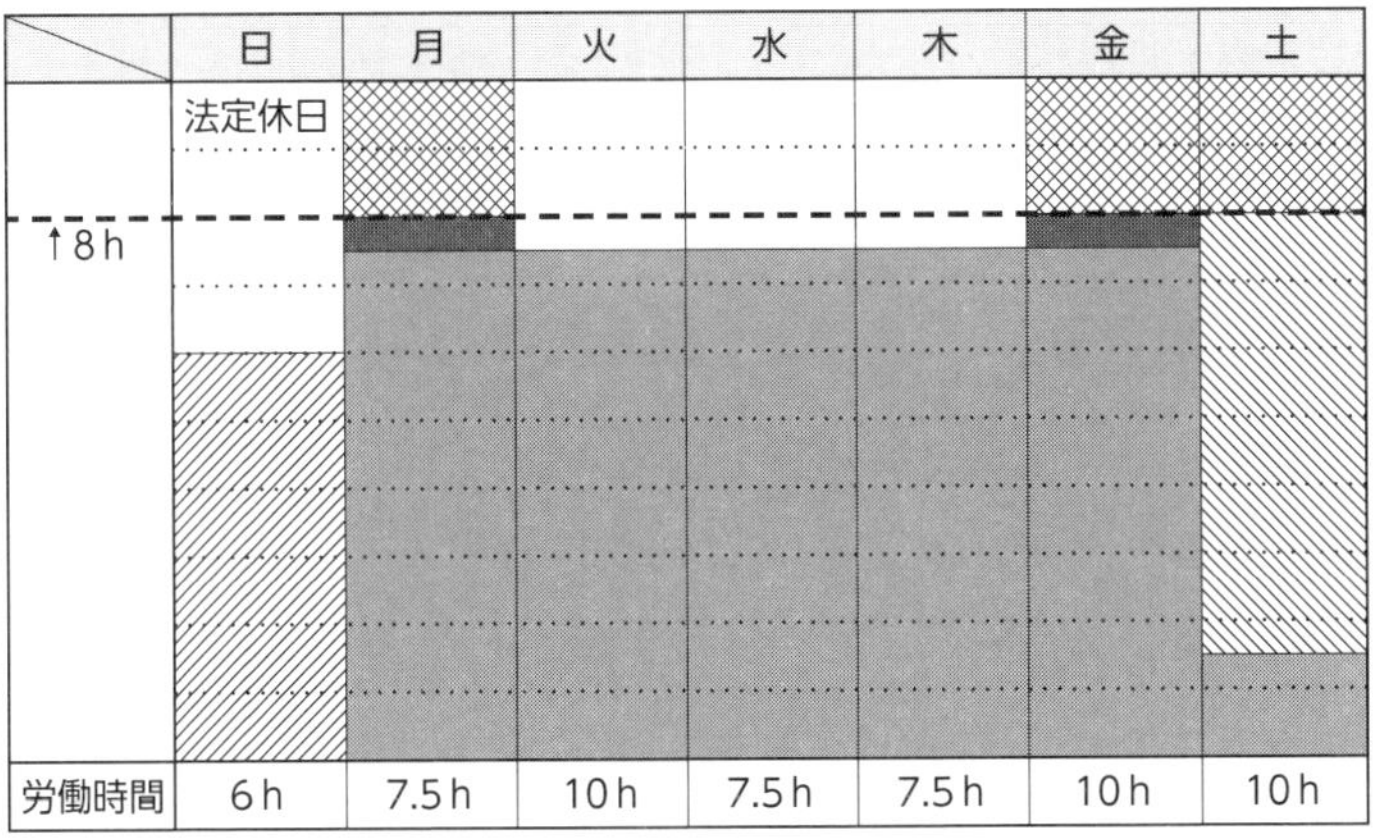

は一億円）以下である事業主
・常時使用する労働者の数が三百人（小売業を主たる事業とする事業主については五十人、卸売業又はサービス業を主たる事業とする事業主については百人）以下の事業の事業主

また、労働行政の解釈例規では、法定時間外労働と法定休日労働は別にカウントするものなので、法定休日労働の場合に六〇時間超の割増率〇・二五が加算されて一・六〇の割増率となることもありません。したがって、時間外勤務が月六〇時間を超えると、さらに重い制裁が科されるべき法定休日勤務のほうが割増率が低くなってしまう、という一種の矛盾が生じます。

② 法定休日労働

法定休日の労働については、

基礎時給×一・三五×法定休日労働時間

の計算式で割増賃金を請求できます。

法定休日とは休日に指定された日の〇時から二四時までをいいます。法定休日の労働が二四時を超えて延長された場合、二四時以降の労働について一・三五の割増率の適用はありません。

逆に法定休日の前日の労働が二四時を超えた段階で法定休日の割増賃金が適用されます。実際の労働契約においては、法定休日の特定はされていないことが多いですが、裁判所は弁論主義により日曜日を法定休日にするなどして運用しているようです。

週休二日制の場合は一番休みになることが多い曜日を原則的な法定休日として適宜計算してください。

③　法内残業、法定外休日労働

法内残業、法定外休日労働については、別途の手当が定められている場合や割増率が定められている場合を除き、当事者の合理的意思解釈として

基礎時給×法内残業時間 or 法定外休日労働

の計算で賃金を請求できるのが原則です（渡辺弘『リーガルプログレッシブシリーズ9

労働関係訴訟』（青林書房）一七八頁）。

すでに紹介した日本銀行もそうでしたね。

しかし、就業規則（賃金規程）で法内残業と法外残業を区別せずに一・二五の割増率を定めている場合や、法定外休日と法定休日を区別せずに一・三五の割増率を定めている場合もよくありますので、その場合はそれによります。よくチェックしましょう。また、法内残業・法定外休日労働をしている間に週四〇時間、一日八時間を超えたときは、当然そちらによります。

④　深夜早朝労働

深夜早朝労働（二二時〜五時の労働）については、

基礎時給×〇・二五×深夜早朝労働時間

の計算式による割増賃金を請求できます。

一・〇〇部分については、基礎賃金または時間外労働割増賃金または法定休日労働割増賃金などの一・〇〇部分に含まれているはずなので、一・〇〇部分を重複して請求はできません。一方、深夜早朝労働割増賃金（〇・二五）は、時間外割増賃金（一・二五）、法定休日割増賃金（一・三五）などに加算され、それぞれ時間外一・五〇、法定休日一・六〇の割増率となります。

なお、深夜早朝労働が前提となっている勤務形態では、裁判所でも、賃金に深夜早朝勤務の割増賃金が含まれたものとして合意されている、とされる傾向が一部にあります。これは同趣旨の解釈例規に影響されたものと思われます【「労働協約、就業規則その他によって深夜の割増賃金を含めて所定賃金が定められていることが明らかな場合には別に深夜業の割増賃金を支払う必要はない。」昭和二三・一〇・一四基発一五〇六号】。

しかし、コンピュータが発達した現代において、深夜早朝割増賃金を区分して表示することに何の支障もなく、また固定残業代について明確な区分性を求める最高裁の判決に照らしても、〝込み込み〟の深夜早朝割増賃金はもはや明確性を欠き許されないと考えるべきでしょう。

⑤ 割増率が重複する場合としない場合

結局、割増率が重複して適用されるのは

法内残業（一・〇〇）
時間外労働（一・二五）
月六〇時間超時間外労働（一・五〇）
法定休日労働（一・三五）
と深夜早朝労働（〇・二五）

であり、その他の組み合わせについて割増率を加算して適用することはありません。

面倒くさい残業代計算はすべて「給与第一」で解決

実は、この章で書かれた残業代の計算は、私が開発した残業代計算用エクセルブック「給与第一」＊でほぼ自動的に行なえます。「給与第一」は京都第一法律事務所のホームページでダウンロードできます。無料です。利用者は一緒にダウンロードできるマニュアルに沿って給与明細に書かれた賃金や日々の労働時間を記入するだけで、残業代が自動的に計算されるのです。

「給与第一」は二〇一〇年二月にバージョン0・1を公表して以降、二〇一四年一〇月現在でバージョン０・５２まで発展していて、バージョン０・４は一年間で約九〇〇〇本がダウンロードされ、０・５もほぼ同様のペースでダウンロードされています。訴訟資料にそのまま使えるようになっており、私が担当する事件では「給与第一」の一部がそのまま判決文に添付されるようになっています。人づてに、裁判官や労働審判員が重宝している話も聞きます。

残業代の請求を考え始めたら、ぜひ試してみたください。

column

すでにある官製“残業代ゼロ”職場の悲惨な現実

一般にはほとんど知られていないのですが、日本にはすでに政府公認の“残業代ゼロ”の職場が存在します。地方公務員には労働基準法の適用があり、残業代も支給されるのが大原則【労働基準法33条3項、37条】ですが、公立の幼稚園、小学校、中学校、高等学校などの教育職員（要するに地元の公立幼稚園・小中高の先生たち）は、給与の4％の教職調整手当の支給と引き替えに、どれだけ残業をしても、いっさいの残業代が支給されません。本来は政令で定められた生徒の実習や学校行事など以外には教員に超過勤務を命じてはならないことになっています。しかし実態的には、現場に新たな業務が次々と与えられ、教員の職務はかつてとは比べものにならないほど過密化しており、政令で定められたものとは関係なく超長時間残業が横行しています。

教職員の労働組合である全日本教職員組合（全教）が2012年に行なった勤務実態調査によると、教諭の1か月の平均時間外勤務時間は72時間56分、持ち帰り残業時間は22時間36分で、合計すると95時間32分にも上ります。2014年に発表されたOECDの調査でも日本の教員は週平均54時間（世界平均は週39時間）も働いていてOECD加盟国のなかでダントツに労働時間が長くなっています。

このような状況のなかで、教員の増員はないのに、たとえば夏休みを短縮したり、全国学力テストの結果公表を可能にしたり、土曜日の授業を復活させるなど、教員のさらなる労働強化が公然と行なわれています。もし“残業代ゼロ”制度を導入すれば、このような教員の働き方を、民間も含めた全産業に押し広げていくものになるでしょう。形だけ法律で規制しても歯止めにならないことは、これら公立の先生たちの働き方からしても容易に予想がつきます。

第7章

未払い残業代の請求

労基署、労働組合、NPOに相談する

労働者のみなさんの多くは残業代請求の権利があることはわかっています。この本を読んだ人は権利の内容の詳細や、証拠集めなど、権利行使の前提となる知識も取得したことになります。しかし、次にある問題は知識があってもいざというときに権利行使できないことです。

これは、結局、権利行使できるような職場の雰囲気があるか、または、権利行使できるような労使関係になっているか、という問題です。しかし、残業代を払わないような企業は、当然、権利行使させない雰囲気を醸し出します。就業規則を見ることができない、上司に相談すると嫌な顔をされたり怒鳴られたりする、権利を主張すると冷遇される、などパターンは様々です。

最近、国内経済の落ち込みや少子化が問題となっていますが、煎じ詰めれば、私生活がままならないほどの超長時間労働の一方、労働者が権利主張をできない結果、労働者の報酬が落ち込み続けていることに原因があります。政府が躍起になって少子化対策や賃上げの音頭を取っても一向に景気回復しないのは当然のことなのです。そのようななか、労働

者のみなさんが残業代の支払いを請求することは、労働時間短縮、賃金増額の両方から大義があり、若干大げさに言えば、これができるかどうかで、日本の将来にも関わってきます。胸を張って、権利行使しましょう。

権利行使のための処方箋はいくつかあります。一つは、今の職場を辞めて自由になることです。もちろん、退職しても時効（後述）にかからない限りは残業代請求をできます。実際、私に相談にくる人の多くも、すでに退職していたり、退職前提で残業代を請求したいと思う人が圧倒的に多いです。

しかし、それではあなたが退職した後を埋める別の労働者が同じ目に遭い、また、あなた自身が転職した先も、そのように嫌気がさした誰かが退職した後である可能性が高いのです。結局、根本的な解決にはなりません。

そこで、職場にとどまりながら力関係を変える方法も検討する必要があります。まずは、同僚の人たちともはかりながら、ちょこちょこ権利行使することが重要でしょう。いきなり残業代請求は無理でも、まずは有給休暇を申請してみるとか、せめて休日出勤の手当くらいは払わせるなどです。不払いが明確な場合、近くの労働基準監督署に匿名で相談する手もあります。

同僚と足並みをそろえながら権利行使ができるようになったら、労働組合を作ることを検討するのも選択肢に入れるべきでしょう。すでに述べたことですが、会社を辞めて起業して成功する可能性より、職場にとどまって労働組合を作って成功する可能性のほうが客観的にはずっと高いです。なにせ法律で守られていますので。

労働組合は全国で無料で労働者の相談に乗ってくれる窓口を作っています。一度、話を聞いてみてはいかがでしょうか（巻末資料一八〇頁参照）。

最近は、労働相談に乗ってくれる労働組合以外の団体も出てきました。代表的なものは若い学者や学生たちが作っているＮＰＯ法人ＰＯＳＳＥ（ポッセ）です。若い相談員が相談に乗ってくれ、本人の意向に応じて、信頼できる弁護士や労働組合などにつないでくれます（巻末資料一八〇頁参照）。

請求書を送り時効を止める

残業代は給料日ごとに二年前のその給料日の分の時効が満了します。そこで、残業代を請求することを決意したら、会社に対して「催告」【民法一五三条】をして時効の進行を止めなければなりません。この「催告」とは「債務者に対して履行を請求する債権者の意思の通知」（我妻栄『新訂民法総則（民法講義Ⅰ）』（岩波書店）四六二項）とされ、つまるところ、催告する債権が特定されていれば、金額を厳密に計算する必要はありません。

また、債権の特定といっても、「×月から×月までの分の残業代」などと書くと期間の数え間違いをして失敗することもあるので「未払い残業代を含むすべての未払い賃金」と書いたほうがよいでしょう。これで「未払いの賃金債権すべて」という特定がされたことになります。請求書の記載例を示します［図表７－１］。金額の部分は非常に大ざっぱに計算して適当に記入すれば足ります。

また、催告としての請求書は、会社側にＦＡＸが備えられている場合は、ＦＡＸ送信して電話確認する方法があります。本来は内容証明郵便を送付するのが正式なやり方なので時間に余裕がある場合は郵便局に行って書き方の説明を受けたり、インターネットで書き方を確認して送付するのがよいでしょ

［図表７－１］

請　求　書

××株式会社
上記代表者代表取締役　山田太郎　殿

2015年５月１日
山本一郎　　㊞

私は貴社の労働者として業務に従事しているところ、未払残業代を含む未払賃金が少なくとも100万円はあると考えます。そこで貴社に対して本請求書をもって未払残業代を含む未払賃金すべてをお支払頂きますよう請求いたします。

以上

う。しかし、日本の多くの事業所にはＦＡＸ受信機が備えられていますので、このやり方のほうが手っ取り早いことも多いです。コンビニエンスストアからＦＡＸで請求書を送信し、そのとき、必ず設定して「送信レポート」を取るようにしましょう。送信レポートはＦＡＸが会社に届いたことの証明となります。

この請求（催告）を行なうことで、その時点から二年間以内に支払日がある賃金債権については、六か月間、時効がストップします。その間に交渉をしたり、提訴の準備をすることになります。

弁護士に相談する

① とりあえず相談費用は気にしない

請求書を送付した後は、労働組合に加入して実際の交渉をはじめるか、弁護士に法律相談をしたほうがよいでしょう。その際、法律相談の料金がかかるのが原則です。

しかし、私も所属する日本労働弁護団は各地で無料電話相談を実施しています（巻末資料一八〇頁参照）。

また、実際の面談の相談についても、世帯の家族数に応じた一か月の収入が一定額以下の人は、政府が設立した日本司法支援センター（法テラス）の無料法律相談を三回まで受けることができます。一定の都市部（私の事務所がある京都府だと、京都市、宇治市、向日市、長岡京市）に居住している人は収入要件が増額されます［図表７－２］。日本労働弁護団に所属している弁護士も法テラスの契約弁護士である場合が多いと思います。

私が所属する京都第一法律事務所は労働者からの初回の労働相談は無料です。そういう事務所も増えていると思います。

②誰に相談すべきなのか

私は、日本労働弁護団＊に所属している弁護士に相談することを推奨します。残業代を含む労働分野は、法律のなかでも一つの独立した専門分野です。残業代請求はその労働分野のなかでもさらに特殊な一分野です。また、これま

［図表７－２］

	一定の都市部に居住している人	左記以外に居住している人	家賃又は住宅ローンを負担している場合に加算できる限度額
単身者	200,200円以下	182,000円以下	41,000円
2人家族	276,100円以下	251,000円以下	53,000円
3人家族	299,200円以下	272,000円以下	66,000円
4人家族	328,900円以下	299,000円以下	71,000円

であまり旺盛に取り組まれてこなかった分野であるため、率直に言って日本労働弁護団に所属している弁護士でもあまり精通していない場合もあるでしょう。

しかし、やはり日本労働弁護団の弁護士には圧倒的にエキスパートが多く、かつ、労働法の様々な分野に精通しているため、残業代自体に精通していない場合でも最終的な解決水準も高くなると思います。

一方、インターネットに「残業代請求専門」などと広告やホームページを出している弁護士もたくさんいます。いちいち評論はできませんが、弁護士の「専門」は勝手に名乗れます。

とくに同一の弁護士や弁護士事務所が複数の分野で「専門」サイトを作っている場合や、さらにそのなかの「専門」分野の一つに債務整理が入っている場合は、率直に言っておすすめしません。「着手金無料」などという広告をする例もありますが、トータルの出費が後述の法テラス経由の契約より安くなる場合はどれだけあるのか疑問です（一六五頁以下参照）。

[図表7-3]

	料金（月額）	掲載可能「得意分野」数
ライトプラン	2万円	1分野まで
スタンダードプラン	3万円	3分野まで
プレミアムプラン	5万円	上限なし

インターネット上には弁護士を紹介するようなサイトもありますが、たとえば大手「弁護士ドットコム」の「得意分野」は、掲載する弁護士が［図表７‐３］のような料金体系でサイトの運営業者ないしその代理店にお金を払って登録する制度になっており、お金を払った弁護士がサイト内で優先的に表示される仕組みになっています（私の事務所に「弁護士ドットコム正規代理店」として営業ＦＡＸを送ってきた株式会社サムライ・アドウェイズの送付資料による）。これでは、本当に得意かどうかと、サイトに表示されるか否かが別問題になってしまいますよね。

インターネットで弁護士を探すのであれば、営利企業が運営しているマッチング（仕立ての広告）サイトは避けたうえ、個々の法律事務所のホームページを実際に見ることをおすすめします。

そして、広告の美辞麗句をあれこれと比べるのではなく、実績（「相談件数○○件！」というような抽象的な数字ではなく事件活動の実績）や、当該分野での著書や論文の数や内容、日本弁護士連合会や地方の弁護士会の労働分野の委員会の委員になっているか否か、労働者側の立場で労働問題を専門的に扱う弁護士団体（日本労働弁護団、自由法曹団、過労死弁護団全国連絡会議など）に加入しているか否かなどを検討すべきだと思います。

弁護士費用についても、ホームページの記載を鵜呑みにするのではなく、法律相談を受けたうえで、自分の案件で一体どれくらい必要なのかを弁護士に実際に尋ねたほうがよいでしょう。

司法書士、社会保険労務士はどうか

最近、司法書士や社会保険労務士、または社会保険労務士などが作る団体が残業代事件についてインターネットなどで広告を出している事例がたくさんあります。

たしかに、いわゆる「認定司法書士」は簡易裁判所の事件で、かつ訴額が一四〇万円以内の事件について代理権を有しています。

しかし、これは、事件の途中で訴額が一四〇万円を超えることが判明した場合（たとえば未払い残業代が一四〇万円であると考えていたところ、訴訟中に就業規則が開示され労働者に有利な計算方法が取られる結果請求額が一五〇万円になる場合）や、事件の変化により請求を追加した場合（たとえば一四〇万円の残業代請求をしたところ会社に解雇されたため地位確認請求の訴訟を追加提訴する場合）には対応できません。当然、控訴審（一審が簡易裁判所の事件の控訴審は地方裁判所です）も担当できません。簡易裁判所の裁判官自体が全体的に労働事件の扱いに慣れていない、という問題も大きいです。

また、大阪、京都など、近畿地方の裁判所では、付加金請求額を訴額に含むため、司法書士が請求可能な金額は七〇万円程度になってしまいます。

さらに、労働審判の代理権はそもそもありません。民事訴訟法にもとづく提訴前の証拠保全もできません。弁護士法二三条の二による照会も使用できないため、証拠収集にも大きな制約があります。強制執行（少額訴訟を除く。労働事件を少額訴訟で処理することは通常想定できません）もできません。

司法書士は本来、不動産登記などが専門です。弁護士も登記業務を行なうことはありますが、手早さでも、手続の正確さでも、司法書士にはかなわないので、実際には手を出さない場合が多いです。私は、その逆もまたしかり、だと考えています。

社会保険労務士は、裁判所の手続で代理をする権限はいっさいありません。法テラスの利用もできません。社会保険労務士には、残業代請求についてサービスを提供する法律上の権限もほとんどありません。

この本を読んだ後、社会保険労務士に事件を依頼しようと思った人は、社会保険労務士が残業代請求について書いた松本健一『弁護士に頼らず一人でできる　未払い残業代を取り返す方法』（ダイヤモンド社）を読んで、本書と比べてみてください。タイトルとはうらはらに、社会保険労務士に相談するようにすすめる点も仰天する本ですが、やはり、弁護士と社会保険労務士では、資格を取得する過程で、憲法の人権の理念（残業代請求権は憲法が定める勤労権の一部です）、民法の契約理論（労働基準法は民法を基礎とする特別法の側面があります）を基礎から深く学んでいるか否かの違いがあると考えます。

「残業代請求」を「サポート」することで対価を得ようとする社会保険労務士や社会保険労務士などが作る団体もあるようですが、これは弁護士法に抵触する違法行為である可能性があります。

これらの資格を有している人のなかにも、個人的な素養として優秀な人はいると思います。しかし、資格に制限がある以上、個人的に優秀であるほど、会社からは門前払いをされてあしらわれ、逆に無能であるほど、非常に不十分な条件で和解をせざるをえなくなるかもしれません。また、労働事件に限った話ではないですが、弁護士代理に意味があるのは提訴前の証拠の保全から、最後の強制執行の段階まで、完全に事件の代理をすることができるからです。

そして、弁護士には日本労働弁護団を中核に、労働事件を労働者の立場で専門的に取り扱う集団があります。しかし、司法書士にも、社会保険労務士にも残念ながらそのような団体はありません。同業者の交流を通じてお互いに研鑽できる機会があるか否かは、事件処理の技能に大きな差を生じさせます。また、費用の面から言っても、残業代請求について広告を出している司法書士・社会保険労務士と、法テラスの報酬基準を比べたとき、そんなに大きな差はあるとは思えません（むしろ高いのではないかと思う例もあります）。サービスの内容が法的な枠組みからしてはるかに劣っているのに、報酬基準が似たようなものだとすれば、経済的合理性もないことになります。これらのサイトのなかには弁護士費用を故意に高く記載する例も見られます。

率直に言って司法書士、社会保険労務士に依頼するメリットは見あたりません。

法的手続

①　示談交渉

会社に請求書を送った後は、示談交渉に入ります。この際、交渉技術の点から言っても、実際に法的な強制手段に訴える力を持っている点からも、弁護士（とくに労働者側の労働事件専門の弁護士）に依頼することをおすすめします。

また、この時点で、弁護士法二三条の二の規定を利用した照会手続による証拠収集（たとえばＥＴＣの利用記録などの収集）や、場合によっては、タイムカードなどの証拠保全**【民事訴訟法二三四条以下】**を行ないます。

また、会社の財産隠しなどが疑われる場合は、あらかじめ、財産を凍結（仮差押・仮処分）するための手続を取る場合もあります。

弁護士の交渉力はこのような様々な法的な措置を適時に行なう権限と知識に裏付けられたものなのであり、単に口が上手いわけではありません（もちろん口が上手い弁護士もいますが）。当然ながら、専門性の高い弁護士ほど、交渉は有利です。

ただ、示談交渉は、会社が自らの意思で残業代を支払う気にならなければ解決しません。

② 労働審判

会社側との示談交渉が決裂した場合、手続を進めるのであれば、労働審判か訴訟をすることになる場合が多いです。

労働審判手続は、裁判官一人と労働関係に関する専門的な知識と経験を有する労働審判員二人（労働組合から一名、会社団体から一名）で組織された労働審判委員会が、個別労使紛争を、原則として三回以内の期日で審理し、同時に調停を試み、調停による解決に至らない場合には、事案の実情に即した柔軟な解決を図るための労働審判を行なうという紛争解決手続です。手続の流れのイメージは［図表7‐4］を見てください。

労働審判に対して労働者側または会社側から異議の申立てがあれば、労働審判は効力を

[図表7-4]　**労働審判手続の流れ**

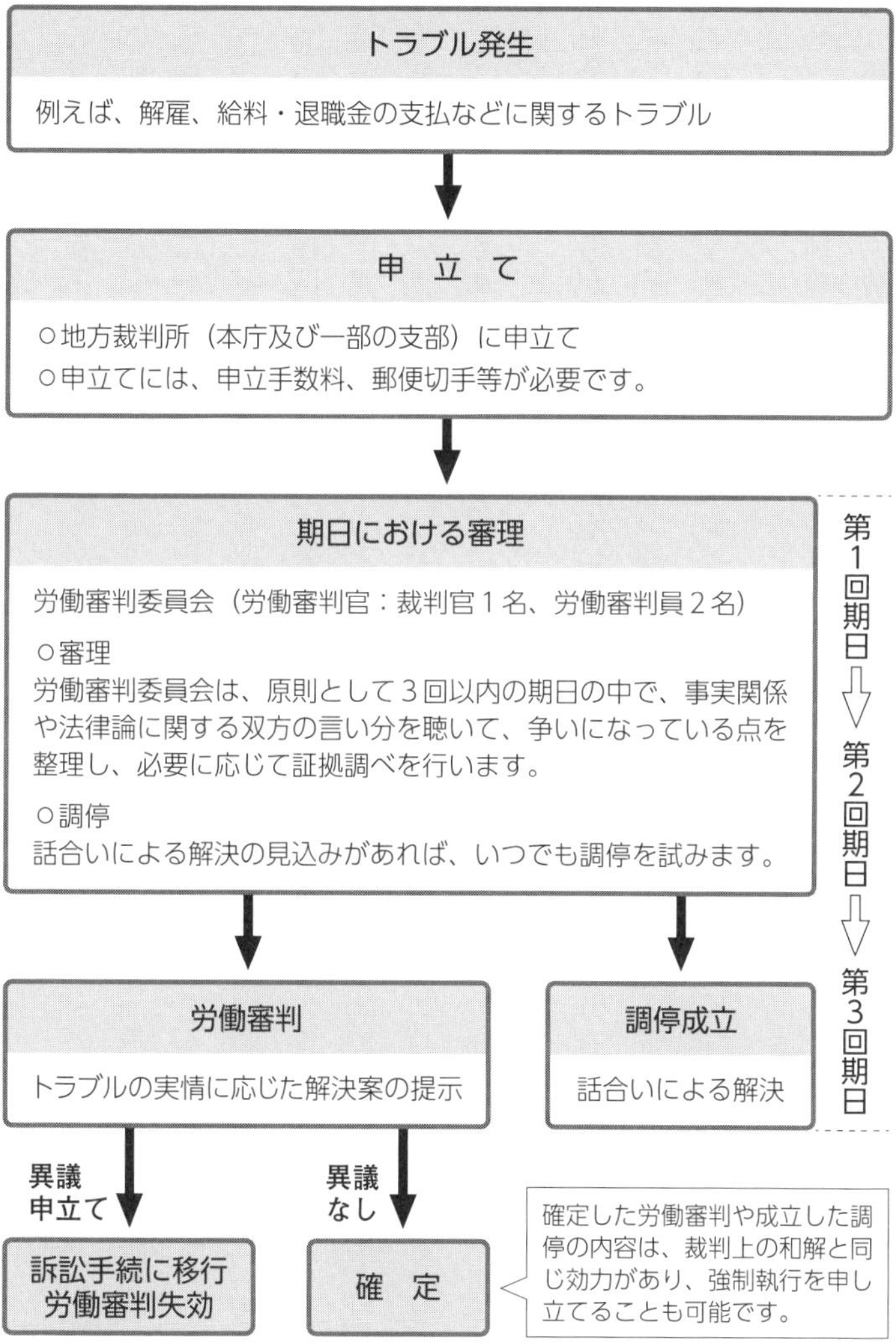

出所：裁判所ホームページより　http://www.courts.go.jp/saiban/syurui_minzi/minzi_02_03/

失い、労働審判事件は訴訟に移行します。

そして、労働審判手続について、当事者の代理人となれるのは、弁護士のみです。労働審判の利点は、手続の進行が速く、解決率も高いことから、短期間（最初の法律相談から最終解決まで四～五か月）で「それなり」の成果を上げることができる点にあります。

欠点はすべてそれの裏返しです。審理期間が短いので、事実関係の認識に大きな食い違いがあったり、証拠関係が複雑だったり、法的論点が多い事件には向かず、解決率は高くても解決水準は「それなり」にしかならない点です。また、労働審判では会社に対する制裁金である付加金の支払い命令は出ません。そして、短期決戦の原則三回の審理（多くの場合、二～三週間から長くても一か月ごと）について原則すべて、労働者本人も出席しなければなりません。

私の場合、依頼者が時間を掛けてもいいからしっかり残業代を取り返して欲しいと考えている場合、証拠関係が複雑だったり事前に収集できた証拠が少なく先が見通せない場合、固定残業代や管理監督者や変形労働時間制など法的論点が複数ある場合は、労働審判は回避するようにアドバイスしています。

逆に、事前の証拠確保が十分で、予想される法的論点も難しくなく、かつ、依頼者も早期の「それなり」の解決を望んでいる場合は労働審判をすすめています。

労働審判は期日の場での丁々発止のやり取りも多く、それが結果に影響することもあるため、労働者側の弁護士としてはなかなか面白い手続なのですが、申立てをされた側（多くの場合会社側）は代理人弁護士を含め、短期間に充実した反撃を行なわなければならないため、大変なようです。そして、がんばった割に裁判所が提示する和解や審判の水準が低く、内心ガッカリすることが多い手続でもあります。実際、裁判官が弁護士向けの講演で労働審判について「勝たせすぎない、負かせすぎない」という趣旨のことを述べていました。

また、残業代の事件を労働審判で処理するためには、「給与第一」のような残業代計算ソフトは必須です。

③　訴訟

労働審判に向かない複雑な事件や、依頼者が時間を掛けても高い解決水準を望んでいる場合、少数ですが労働審判で決着がつかなかった場合は、訴訟になります。

手続的には一～二か月に一度の弁論期日などを通じて、書面で応戦したり、証拠を出したりしながら争点を詰めていき、最後に証人尋問を行ない、判決へと向かいます。

訴訟の利点は複雑な事件でもじっくり取り組めること、解決水準が高いこと、残業代の事件の場合は会社に対する制裁金である付加金を請求できること、依頼者が法廷に張り付かなくてもよいこと（ただし証人尋問のために出廷する必要がある場合はもちろんあります）などです。

デメリットはその裏返しで、時間がかかることです。一般的に提訴から判決まで行った場合は一年強かかります。ただ、途中で論点が整理されると、和解で解決する場合もあります。また、敗訴するときはまったく成果が得られない場合もあるので、良くも悪くも「それなり」な労働審判より解決水準が落ちる可能性もゼロではありません。

訴訟に持ち込むかどうか、また、訴訟における解決水準は弁護士の腕の見せ所です。単なる法律知識のみならず、事実を確認して書面を書く技術、証拠の発掘技術、尋問技術の優劣、勝負勘など、総合戦となります。

④　弁護士報酬の目安

弁護士に支払うべき金額は大きく分類すると

- 弁護士自体に支払う着手金、報酬金
- 事件処理に必要な費用実費

に分類されます。それぞれについて弁護士事務所によって報酬基準を定めていますので、金額はまちまちです。弁護士に直接尋ねるのがよいでしょう。以下では、私が所属する京都第一法律事務所で事件処理をする場合について例を紹介します。

まず、着手金は、事件を依頼される時に払ってもらいます。金額は事件の経済的利益に対応して、［図表７－５］の金額を標準とします。ここで「経済的利益」とは、残業代の事件の場合、要するに請求する残業代の金額になります。たとえば三〇〇万円の残業代を請求する場合、この表を機械的に当てはめれば、三〇〇万円×五％＋五万円ですので、二〇万円とそれに対する消費税分の金額ということになります。

しかし、労働事件については、事件の当事者となる労働者が会社との関係で、嫌がらせや解雇、退職などによって賃金を得られない状況になっている場合が多いため、面談のうえ、経済的な負担力に応じて、適宜減額しているのが現実です。

たとえば、着手金を一五万円と消費税分にしてしまったりす

［図表７－５］

経済的利益	着手金
～50万円	５万円＋消費税
50万円～100万円	10％＋消費税
100万円～3000万円	５％＋５万円＋消費税
3000万円～	３％＋65万円＋消費税

るなどです。とくに労働審判の場合、短期で結論が出ることもあり、また、後述の法テラスの報酬体系との関係からも、私の場合、着手金を一〇万円と消費税分にしてしまう場合が多いです。

一方、報酬金は、依頼を受けた事件で成果を得られた時に支払ってもらいます。対象となる事件について、依頼者が受けた経済的利益を対象として、［図表7‐6］の金額を標準としています。

着手金を減額していた場合で、高い成果が上がった場合、依頼者に相談のうえ、減額した分の着手金相当額を考慮していただくことをお願いする場合もあります。ただ、私の場合、案件にもよりますが、労働審判の報酬はやはり法テラス並みに、実際に得られた金額の一〇％と消費税分にする場合が多いのが実情です。

一方、法テラスを経由して弁護士に依頼した場合、法テラスが立て替える弁護士の着手金・費用は［図表7‐7］が標準となっています。費用については、訴額が大きく、裁判所に納めるべき印紙代が高額となる場合はその分も建て替えられます。

依頼者は原則としては無利息で、毎月たとえば五〇〇〇円ずつと

［図表7‐6］

経済的利益	報酬金
～100万円	20％＋消費税
100万円～3000万円	10％＋10万円＋消費税
3000万円～	6％＋130万円＋消費税

か、一万円ずつとかを日本司法支援センターに返済していくことになります。労働審判の場合は、着手金は一〇万八〇〇〇円となることが多いです。

報酬金については、「現実に入手した金額」の一〇％と消費税分が標準とされます。

率直に言うと、法テラスのほうが、依頼者の負担は軽いです。弁護士によって、様々な報酬体系を提示していますが、おそらく、トータルの出費が法テラス経由の依頼より安くなることは、あまりないでしょう。

私も、もちろん、法テラスと契約しており、法律扶助を使用した労働事件にも多数関わっています。

［図表７－７］

訴　額	着手金	費　用
～50万円未満	63,000円	25,000円
50万円以上 100万円未満	94,500円	35,000円
100万円以上 200万円未満	126,000円	〃
200万円以上 300万円未満	157,500円	〃
300万円以上 500万円未満	178,500円	〃
500万円以上 1,000万円未満	210,000円	〃
1,000万円以上	231,000円	〃
最　大	367,500円	〃

column

有給休暇の取り方

「休日」と「休暇・休業」の違いは54頁などで説明していますが、要するに、本来的に労働義務がない日が休日、本来は労働する義務があるのに休みとなるのが休暇・休業です。働かなくても無断欠勤にならないのです。年間の所定労働日を数えるときに、休日は控除しますが、休暇を取ってもいちいち控除しません（有給休暇の日数は180頁参照）。有給休暇（正式には「年次有給休暇」といいます）とは、このように本来は労働義務がある日に休んでも、働いた分だけの賃金を請求できるものです。これは使用者の温情ではなく、労働基準法により一定の条件を満たせば必ず付与される権利です。使用者は労働者が有給休暇を取ったことを理由に不利益な取扱をしてはいけません【労働基準法附則136条】。

有給休暇は、①6か月以上継続勤務、②その期間の全労働日の8割以上出勤、の要件を満たした労働者に付与されます【労働基準法39条】。ここでいう「全労働日」とは、労働者と使用者の合意で労働日と決まった日のことをいうので、週1日勤務のアルバイトなら、週1回出勤すれば100%出勤となります。いつ働きたいと申請するか否かが労働者の自由となっている場合でも、実際に決まった勤務日の8割働けば付与されるのです。ただし、病休や産休・育休などの場合は所定労働日を出勤したものとみなされます。有給休暇を取った日も勤務したものとみなします。有給休暇を取得する方法は簡単です。上司に「○月○日に有給休暇を取ります」と伝えるだけです。使用者の許可や承認はいりません。休暇の理由を述べる必要もありません。

予定を決めたら早く伝えたほうが丁寧ですが、直前では駄目という決まりもありません。使用者には「時季変更権」という権利が一応ありますが、簡単に行使できるものではありませんので、ほとんどの場合、有休申請を拒否することはできません。有給休暇の権利は2年で時効にかかるので早く使いましょう。

エピローグ

昨今の国内経済の落ち込みは、内需の落ち込みに起因しており、その主要な原因は個人消費が落ち込んでいることにあります。個人消費の落ち込みと裏表の関係にあるのは労働者の賃金水準の低下です。とくに若い層ほど非正規労働者が多く、また、正社員といっても、ブラック企業での就労を余儀なくされ、賃金水準がさらに低くなっており、なかなか上昇も見込めません。若い層の長時間労働、貧困化は少子化にも直結し、人口の急激な減少はさらなる経済の落ち込みに繋がっていく、という悪循環に陥っています。日本の労働者たちは労働力の再生産すら脅かされる産業革命期の水準に戻ってしまったかのようです。

すでに述べましたが、日本の労働時間規制は、法定時間外の労働を原則禁止するとともに、例外的にこれが許される場合でも、たとえ月給制の場合でも時給制の割り増し賃金の支払いを会社に強制することで残業そのものを抑制し、また労働者に対しては過重な労働に対する補償をすることを通じて規制を実現します。そして重要なことは、この規制の枠組みは、労働者が残業代の請求を十分にできてはじめて機能するということなのです。

労働者が満足に残業代を請求できない状況は、日本の悪循環の原因をそのまま映し出していると言えるでしょう。もちろん、残業代だけで問題のすべてが解決するわけではありませんが。少なくとも、労働者が残業代をまともに請求できるようにすることは、現状を改善するための必要条件の一つだと思います。

●不当表示の規制をすべき

プロローグで述べたワタミの新卒賃金の提示は、要するに所定労働時間に対する賃金に加えて残業代を表示する、いわば水増しされた賃金です。ワタミは水増し分を一応記載しているのでまだマシなほうで、不明瞭な形で水増し賃金を提示している企業は数え切れないほどたくさん存在します。しかし、ワタミのように一応記載をしたところで、労働時間に関する法律の知識を持たない労働者がその意味を理解することはほとんど不可能です。学校教育で労働時間法を教えない以上、ほとんどの労働者は理解できないということです。このような状態では、水増しをしない堅実な労働条件を提示している企業ほど見かけの賃金が少なくなり、労働市場において不利になるので、労働市場における会社同士の健全な競争が担保されません。水増しされた賃金を真に受けた労働者が安い賃金で働かされ、また正当な権利行使を阻害されて不利益を被ることは言うまでもありません。本書は労働者が正しい知識を身につけ、企業の不正を見破ることをめざすものですが、個別の労働者の努力には自ずと限界があります。

本書で述べたとおり、法定時間外の労働はもともと例外的に許されるものです。そのような例外を前提にした賃金体系を示すことで市場競争すら阻害されるのなら、労働者募集において提示すること自体を法律で規制すべきなのです。企業が労働者にそんなに残業をさせたいのなら、残業時間全体をカバーできないような中途半端な固定残業代の記載をさせるのではなく、平均的な残業時間数とそれに対する基礎時給、割増率を記載させればよいのです。また、このような規制は新たな法律がなくても、現行の職業安定行政のなかでできます。行政への働きかけを強めるなかで法制化すべきでしょう。

●従わないなら制裁を強化すべき

一方、企業が平然と労働時間規制を無視し、様々な言い訳をして残業代の支払いを拒んでいることは本書でもくわしく取り上げました。これが日本の〝超長時間労働〟の原因の一つであることは間違いないでしょう。従わないのなら制裁を強化して、実効性を高めることが一番の解決策です。一方、現在、政府で議論が進んでいる「新しい労働時間制度」は、要するに残業代による労働時間規制自体を無くしてしまおうとするものですが、その後に過労をどうやって防ぐのかについてなんの展望も示しておらず、相変わらずの〝過労死促進法〟、〝残業代ゼロ法〟になっています。こんなものが実現されれば労働環境はさらに悪化し、触れ込みとは裏腹にわが国の労働問題を解決することも、「多様な働き方」を実現することもできないでしょう。

長時間労働を規制するのなら、むしろ、もはやまともな根拠なく二年と短くなっている賃金債権の時効をせめて商事債権並みの五年として不払いをした場合の経営リスクを増加させ、残業代の割増率も引き上げをしたり法定時間外の割り増しと法定休日割り増しの加算をするなど、残業を十分に規制できるだけの割増率にする必要があります。そして、実際に不払いがあり訴訟に発展して判決に至った場合は、船員法のように未払い残業代の倍額の付加金（制裁金）の支払いを義務化するようにすべきでしょう。船員法で現実にこの制度をとっている以上、その他の産業で導入できない理由はありません。

また、いかに残業代を支払おうとも絶対に超えられない労働時間の絶対的な規制もすべきで、過労死防止の観点からは、ＥＵで制度化されているインターバル規制（一日の労働が終了したあと、翌日の労働開始まで最低でもたとえば一一時間の間隔を開けなければならない規制です）の導入が重要です。

●監督の強化

さらに、長時間労働や未払い残業を取り締まる労働基準監督署の機能強化（要するに大幅な増員）が必要です。昨今は公務員バッシングが盛んで、国家公務員の数はどんどん減少しており、労基署の職員も例外ではありません。労基署は人手不足で労働基準の監督に思うように手が回っていないのが現状です。しかし治安悪化で警察官の数を増やすのなら（日本の治安は実際には悪化していないのですが）、労働条件が違法に悪化している時には労基署の職員を増員すべきなのです。

●改善は権利行使の先にある

しかしこのような規制の強化や監督の強化は、当然のことながら私が本に書いたからといって実現するものではありません。〝鶏と卵はどっちが先か〟の話のようですが、個々の労働者の権利行使が徐々になされ、権利意識が社会全体のものとなって行くことで、はじめて法律を改善する機運が生まれるのです。制度が改善されればさらなる権利行使の機運が生まれます。

今、必要なのは、そういうプラスの方向の動きを作り出すための下地だと思います。そして、いままで労働者の権利に関する議論全体のなかで、あまり重きを置かれていなかった残業代請求にこそ、その突破口があるのではないかと最近思い始めています。私が残業代計算ソフト「給与第一」を無償で公開しているのも、そのような動機にもとづくものです。この本を読んで、残業代を通して日本の社会と会社を知った皆さんが、さらに一歩踏み込んで、自分の権利行使に進むことがあれば、私にとってはこのうえない喜びです。そして、プロローグでも書きましたが、その結果として、過労死やブラック企業が一掃されていくことが私の究極的な願いです。

巻末資料一覧

●労働条件通知書

（一般労働者用；常用、有期雇用型）

労働条件通知書

年　月　日 ＿＿＿＿＿＿＿＿殿 事業場名称・所在地 使 用 者 職 氏 名	
契約期間	期間の定めなし、期間の定めあり（　年　月　日～　年　月　日） ※以下は、「契約期間」について「期間の定めあり」とした場合に記入 1　契約の更新の有無 ［自動的に更新する・更新する場合があり得る・契約の更新はしない・その他（　　）］ 2　契約の更新は次により判断する。 （・契約期間満了時の業務量　・勤務成績、態度　・能力 ・会社の経営状況　・従事している業務の進捗状況 ・その他（　　　））
就業の場所	
従事すべき業務の内容	
始業、終業の時刻、休憩時間、就業時転換((1)～(5)のうち該当するもの一つに○を付けること。)、所定時間外労働の有無に関する事項	1　始業・終業の時刻等 (1) 始業（　時　分） 終業（　時　分） **【以下のような制度が労働者に適用される場合】** (2) 変形労働時間制等；（　）単位の変形労働時間制・交替制として、次の勤務時間の組み合わせによる。 ┌ 始業（　時　分） 終業（　時　分）（適用日　　） ├ 始業（　時　分） 終業（　時　分）（適用日　　） └ 始業（　時　分） 終業（　時　分）（適用日　　） (3) フレックスタイム制；始業及び終業の時刻は労働者の決定に委ねる。 （ただし、フレキシブルタイム（始業）　時　分から　時　分、 （終業）　時　分から　時　分、 コアタイム　時　分から　時　分） (4) 事業場外みなし労働時間制；始業（　時　分）終業（　時　分） (5) 裁量労働制；始業（　時　分） 終業（　時　分）を基本とし、労働者の決定に委ねる。 ○詳細は、就業規則第　条～第　条、第　条～第　条、第　条～第　条 2　休憩時間（　）分 3　所定時間外労働の有無（　有　，　無　）
休　日	・定例日；毎週　曜日、国民の祝日、その他（　　） ・非定例日；週・月当たり　日、その他（　　） ・1年単位の変形労働時間制の場合－年間　日 ○詳細は、就業規則第　条～第　条、第　条～第　条
休　暇	1　年次有給休暇　6か月継続勤務した場合→　日 継続勤務6か月以内の年次有給休暇　（有・無） →　か月経過で　日 時間単位年休（有・無） 2　代替休暇（有・無） 3　その他の休暇　有給（　　） 無給（　　） ○詳細は、就業規則第　条～第　条、第　条～第　条

（次頁に続く）

●労働条件通知書（続き）

賃　　金	1　基本賃金　イ　月給（　　　　円）、ロ　日給（　　　　円） ハ　時間給（　　　　円）、 ニ　出来高給（基本単価　　　円、保障給　　　円） ホ　その他（　　　　円） ヘ　就業規則に規定されている賃金等級等 ［　　　　　　　　］ 2　諸手当の額又は計算方法 イ（　　手当　　　円　／計算方法：　　　　　　　） ロ（　　手当　　　円　／計算方法：　　　　　　　） ハ（　　手当　　　円　／計算方法：　　　　　　　） ニ（　　手当　　　円　／計算方法：　　　　　　　） 3　所定時間外、休日又は深夜労働に対して支払われる割増賃金率 イ　所定時間外、法定超　月６０時間以内（　　）％ 月６０時間超　（　　）％ 所定超　（　　）％ ロ　休日　法定休日（　　）％、法定外休日（　　）％ ハ　深夜（　　）％ 4　賃金締切日（　　）－毎月　日、（　　）－毎月　日 5　賃金支払日（　　）－毎月　日、（　　）－毎月　日 6　賃金の支払方法（　　　　　　　） 7　労使協定に基づく賃金支払時の控除（無　，有（　　）） 8　昇給（時期等　　　　　　　） 9　賞与（　有（時期、金額等　　　　　），　無　） 10　退職金（　有（時期、金額等　　　　　），　無　）
退職に関する事項	1　定年制　（　有　（　　歳），　無　） 2　継続雇用制度（　有（　　歳まで），　無　） 3　自己都合退職の手続（退職する　　日以上前に届け出ること） 4　解雇の事由及び手続 ［　　　　　　　　］ ○詳細は、就業規則第　条～第　条、第　条～第　条
そ　の　他	・社会保険の加入状況（　厚生年金　健康保険　厚生年金基金　その他（　　　）） ・雇用保険の適用（　有　，　無　） ・その他［　　　　　　　　］ ※以下は、「契約期間」について「期間の定めあり」とした場合についての説明です。 労働契約法第18条の規定により、有期労働契約（平成25年4月1日以降に開始するもの）の契約期間が通算５年を超える場合には、労働契約の期間の末日までに労働者から申込みをすることにより、当該労働契約の期間の末日の翌日から期間の定めのない労働契約に転換されます。

※　以上のほかは、当社就業規則による。
※　労働条件通知書については、労使間の紛争の未然防止のため、保存しておくことをお勧めします。

●労働基準法施行規則19条

第一九条 （労働基準法）三七条一項の規定による通常の労働時間または通常の労働日の賃金の計算額は、次の各号の金額に（労働基準法）三三条もしくは（労働基準法）三六条一項の規定によって延長した労働時間数もしくは休日の労働時間数または午後一〇時から午前五時（厚生労働大臣が必要であると認める場合には、その定める地域または期間については午後一一時から午前六時）までの労働時間数を乗じた金額とする。

一 時間によって定められた賃金については、その金額

二 日によって定められた賃金については、その金額を一日の所定労働時間数（日によって所定労働時間数が異なる場合には、一週間における一日平均所定労働時間数）で除した金額

三 週によって定められた賃金については、その金額を週における所定労働時間数（週によって所定労働時間数が異なる場合には、四週間における一週平均所定労働時間数）で除した金額

四 月によって定められた賃金については、その金額を月における所定労働時間数（月によって所定労働時間数が異なる場合には、一年間における一月平均所定労働時間数）で除した金額

五 月、週以外の一定の期間によって定められた賃金については、前各号に準じて算定した金額

六 出来高払制その他の請負制によって定められた賃金については、その賃金算定期間（賃金締切日がある場合には、賃金締切期間、以下同じ）において出来高払制その他の請負制によって計算された賃金の総額を当該賃金算定期間における、総労働時間数で除した金額

七 労働者の受ける賃金が前各号の二以上の賃金よりなる場合には、その部分について各号によってそれぞれ算定した金額の合計額

2 休日手当その他前項各号に含まれない賃金は、前項の計算においては、これを月によって定められた賃金とみなす。

※読みやすいように現代仮名遣いなどに修正しています

●月平均所定労働時間数早見表（平年365日）

休日数	1日の所定労働時間数 8:00	7:55	7:50	7:45	7:40	7:35	7:30	7:25	7:20	7:15	7:10	7:05	7:00	1分の差
104	174.000	172.188	170.375	168.563	166.750	164.938	163.125	161.313	159.500	157.688	155.875	154.063	152.250	0.362
105	173.333	171.528	169.722	167.917	166.111	164.306	162.500	160.694	158.889	157.083	155.278	153.472	151.667	0.361
106	172.667	170.868	169.069	167.271	165.472	163.674	161.875	160.076	158.278	156.479	154.681	152.882	151.083	0.360
107	172.000	170.208	168.417	166.625	164.833	163.042	161.250	159.458	157.667	155.875	154.083	152.292	150.500	0.358
108	171.333	169.549	167.764	165.979	164.194	162.410	160.625	158.840	157.056	155.271	153.486	151.701	149.917	0.357
109	170.667	168.889	167.111	165.333	163.556	161.778	160.000	158.222	156.444	154.667	152.889	151.111	149.333	0.356
110	170.000	168.229	166.458	164.688	162.917	161.146	159.375	157.604	155.833	154.063	152.292	150.521	148.750	0.354
111	169.333	167.569	165.806	164.042	162.278	160.514	158.750	156.986	155.222	153.458	151.694	149.931	148.167	0.353
112	168.667	166.910	165.153	163.396	161.639	159.882	158.125	156.368	154.611	152.854	151.097	149.340	147.583	0.351
113	168.000	166.250	164.500	162.750	161.000	159.250	157.500	155.750	154.000	152.250	150.500	148.750	147.000	0.350
114	167.333	165.590	163.847	162.104	160.361	158.618	156.875	155.132	153.389	151.646	149.903	148.160	146.417	0.349
115	166.667	164.931	163.194	161.458	159.722	157.986	156.250	154.514	152.778	151.042	149.306	147.569	145.833	0.347
116	166.000	164.271	162.542	160.813	159.083	157.354	155.625	153.896	152.167	150.438	148.708	146.979	145.250	0.346
117	165.333	163.611	161.889	160.167	158.444	156.722	155.000	153.278	151.556	149.833	148.111	146.389	144.667	0.344
118	164.667	162.951	161.236	159.521	157.806	156.090	154.375	152.660	150.944	149.229	147.514	145.799	144.083	0.343
119	164.000	162.292	160.583	158.875	157.167	155.458	153.750	152.042	150.333	148.625	146.917	145.208	143.500	0.342
120	163.333	161.632	159.931	158.229	156.528	154.826	153.125	151.424	149.722	148.021	146.319	144.618	142.917	0.340
121	162.667	160.972	159.278	157.583	155.889	154.194	152.500	150.806	149.111	147.417	145.722	144.028	142.333	0.339
122	162.000	160.313	158.625	156.938	155.250	153.563	151.875	150.188	148.500	146.813	145.125	143.438	141.750	0.337
123	161.333	159.653	157.972	156.292	154.611	152.931	151.250	149.569	147.889	146.208	144.528	142.847	141.167	0.336
124	160.667	158.993	157.319	155.646	153.972	152.299	150.625	148.951	147.278	145.604	143.931	142.257	140.583	0.335
125	160.000	158.333	156.667	155.000	153.333	151.667	150.000	148.333	146.667	145.000	143.333	141.667	140.000	0.333
126	159.333	157.674	156.014	154.354	152.694	151.035	149.375	147.715	146.056	144.396	142.736	141.076	139.417	0.332
127	158.667	157.014	155.361	153.708	152.056	150.403	148.750	147.097	145.444	143.792	142.139	140.486	138.833	0.331
128	158.000	156.354	154.708	153.063	151.417	149.771	148.125	146.479	144.833	143.188	141.542	139.896	138.250	0.329
129	157.333	155.694	154.056	152.417	150.778	149.139	147.500	145.861	144.222	142.583	140.944	139.306	137.667	0.328
130	156.667	155.035	153.403	151.771	150.139	148.507	146.875	145.243	143.611	141.979	140.347	138.715	137.083	0.326
131	156.000	154.375	152.750	151.125	149.500	147.875	146.250	144.625	143.000	141.375	139.750	138.125	136.500	0.325
132	155.333	153.715	152.097	150.479	148.861	147.243	145.625	144.007	142.389	140.771	139.153	137.535	135.917	0.324
133	154.667	153.056	151.444	149.833	148.222	146.611	145.000	143.389	141.778	140.167	138.556	136.944	135.333	0.322
134	154.000	152.396	150.792	149.188	147.583	145.979	144.375	142.771	141.167	139.563	137.958	136.354	134.750	0.321
135	153.333	151.736	150.139	148.542	146.944	145.347	143.750	142.153	140.556	138.958	137.361	135.764	134.167	0.319

●月平均所定労働時間数早見表（うるう年366日）

休日数	1日の所定労働時間数													
	8:00	7:55	7:50	7:45	7:40	7:35	7:30	7:25	7:20	7:15	7:10	7:05	7:00	1分の差
104	174.667	172.847	171.028	169.208	167.389	165.569	163.750	161.931	160.111	158.292	156.472	154.653	152.833	0.364
105	174.000	172.188	170.375	168.563	166.750	164.938	163.125	161.313	159.500	157.688	155.875	154.063	152.250	0.362
106	173.333	171.528	169.722	167.917	166.111	164.306	162.500	160.694	158.889	157.083	155.278	153.472	151.667	0.361
107	172.667	170.868	169.069	167.271	165.472	163.674	161.875	160.076	158.278	156.479	154.681	152.882	151.083	0.360
108	172.000	170.208	168.417	166.625	164.833	163.042	161.250	159.458	157.667	155.875	154.083	152.292	150.500	0.358
109	171.333	169.549	167.764	165.979	164.194	162.410	160.625	158.840	157.056	155.271	153.486	151.701	149.917	0.357
110	170.667	168.889	167.111	165.333	163.556	161.778	160.000	158.222	156.444	154.667	152.889	151.111	149.333	0.356
111	170.000	168.229	166.458	164.688	162.917	161.146	159.375	157.604	155.833	154.063	152.292	150.521	148.750	0.354
112	169.333	167.569	165.806	164.042	162.278	160.514	158.750	156.986	155.222	153.458	151.694	149.931	148.167	0.353
113	168.667	166.910	165.153	163.396	161.639	159.882	158.125	156.368	154.611	152.854	151.097	149.340	147.583	0.351
114	168.000	166.250	164.500	162.750	161.000	159.250	157.500	155.750	154.000	152.250	150.500	148.750	147.000	0.350
115	167.333	165.590	163.847	162.104	160.361	158.618	156.875	155.132	153.389	151.646	149.903	148.160	146.417	0.349
116	166.667	164.931	163.194	161.458	159.722	157.986	156.250	154.514	152.778	151.042	149.306	147.569	145.833	0.347
117	166.000	164.271	162.542	160.813	159.083	157.354	155.625	153.896	152.167	150.438	148.708	146.979	145.250	0.346
118	165.333	163.611	161.889	160.167	158.444	156.722	155.000	153.278	151.556	149.833	148.111	146.389	144.667	0.344
119	164.667	162.951	161.236	159.521	157.806	156.090	154.375	152.660	150.944	149.229	147.514	145.799	144.083	0.343
120	164.000	162.292	160.583	158.875	157.167	155.458	153.750	152.042	150.333	148.625	146.917	145.208	143.500	0.342
121	163.333	161.632	159.931	158.229	156.528	154.826	153.125	151.424	149.722	148.021	146.319	144.618	142.917	0.340
122	162.667	160.972	159.278	157.583	155.889	154.194	152.500	150.806	149.111	147.417	145.722	144.028	142.333	0.339
123	162.000	160.313	158.625	156.938	155.250	153.563	151.875	150.188	148.500	146.813	145.125	143.438	141.750	0.337
124	161.333	159.653	157.972	156.292	154.611	152.931	151.250	149.569	147.889	146.208	144.528	142.847	141.167	0.336
125	160.667	158.993	157.319	155.646	153.972	152.299	150.625	148.951	147.278	145.604	143.931	142.257	140.583	0.335
126	160.000	158.333	156.667	155.000	153.333	151.667	150.000	148.333	146.667	145.000	143.333	141.667	140.000	0.333
127	159.333	157.674	156.014	154.354	152.694	151.035	149.375	147.715	146.056	144.396	142.736	141.076	139.417	0.332
128	158.667	157.014	155.361	153.708	152.056	150.403	148.750	147.097	145.444	143.792	142.139	140.486	138.833	0.331
129	158.000	156.354	154.708	153.063	151.417	149.771	148.125	146.479	144.833	143.188	141.542	139.896	138.250	0.329
130	157.333	155.694	154.056	152.417	150.778	149.139	147.500	145.861	144.222	142.583	140.944	139.306	137.667	0.328
131	156.667	155.035	153.403	151.771	150.139	148.507	146.875	145.243	143.611	141.979	140.347	138.715	137.083	0.326
132	156.000	154.375	152.750	151.125	149.500	147.875	146.250	144.625	143.000	141.375	139.750	138.125	136.500	0.325
133	155.333	153.715	152.097	150.479	148.861	147.243	145.625	144.007	142.389	140.771	139.153	137.535	135.917	0.324
134	154.667	153.056	151.444	149.833	148.222	146.611	145.000	143.389	141.778	140.167	138.556	136.944	135.333	0.322
135	154.000	152.396	150.792	149.188	147.583	145.979	144.375	142.771	141.167	139.563	137.958	136.354	134.750	0.321

●有給休暇の付与日数

週の所定労働時間が30時間以上または217日以上の場合は［表1］が適用され、6年6か月以上勤務を続けると1年ごとに20日の有給休暇が付与されます。

一方、週所定労働時間が30時間未満で、かつ、週所定労働日数が4日以下の場合、または1年間の所定労働日数が48日から216日までの場合は［表2］が適用されます。雇い入れから6か月経過した時点で1年分の所定労働日がわからない場合は6か月の実績を2倍した日数を1年間の所定労働日数とします。

[表1]

雇入れの日から起算した勤続期間	付与される休暇の日数
6か月	10労働日
1年6か月	11労働日
2年6か月	12労働日
3年6か月	14労働日
4年6か月	16労働日

[表2]

週所定労働日数	1年間の所定労働日数	雇入れ日から起算した継続勤務期間（単位：年）						
		0.5	1.5	2.5	3.5	4.5	5.5	6.5以上
4日	169日〜216日	7	8	9	10	12	13	15
3日	121日〜168日	5	6	6	8	9	10	11
2日	73日〜120日	3	4	4	5	6	6	7
1日	48日〜72日	1	2	2	2	3	3	3

※なお、年末年始やお盆、祝日などを有給休暇で処理しながら、そもそも事業所自体が閉鎖されているような場合は休暇と言えるか疑問で、本来的に労働義務のない休日として扱うべきです。

● 労働相談窓口一覧

[労働組合] ※全国共通フリーダイヤル（お近くの労働相談センターにつながります）

団体名	電話番号
連合（日本労働組合総連合会）	0120-154-052
全労連（全国労働組合総連合）	0120-378-060
全労協（全国労働組合連絡協議会）	0120-501-581

[NPO 法人 POSSE]

地　域	T E L	e-mail
東　京	03-6699-9359	soudan@npoposse.jp
京　都	075-541-9760	kyoto@npoposse.jp
仙　台	022-302-3349	sendai@npoposse.jp

[日本労働弁護団]

地　域	相談日と時間帯	電話番号
北海道（日本労働弁護団北海道ブロック）	(火) 18～20時	011-261-9099
東北（東北労働弁護団）	(水) 15～19時	022-261-5555
東京（弁護団本部）	(月、火、水) 15～18時 (土) 13～16時	03-3251-5363
東京（三多摩）	(第1、第3木) 18～20時	0120-524-002
埼玉（埼玉労働弁護団）	(火、木、土) 13～16時	048-837-4821
神奈川（神奈川労働弁護団）神奈川全域	(月、火、水、金) 11～13時、17～18時半	045-651-6441
神奈川（神奈川労働弁護団）神奈川西部	(木) 16～17時半	0465-24-5051
千葉（千葉労働弁護団）	(水、金) 13～16時	043-221-4884
群馬（群馬労働弁護団）	(火、木) 13～16時	027-251-5707
栃木（栃木県労働弁護団）	(水) 11時半～13時半	028-643-7711
愛知（東海労働弁護団）愛知、岐阜、三重	(火) 17～19時	090-3930-5225
三重	(木) 17～19時	059-351-6510
福井（福井労働弁護団）	(水) 18～20時	0776-25-7727
京都	(火) 15～18時	075-256-3360
大阪（大阪民主法律家協会・協力団体）	(金) 18～20時半	06-6361-8624
大阪（大阪労働者弁護団・協力団体）	(火) 18～20時半	050-7533-8510
福岡県福岡市	(水) 13時半～15時半	092-721-1251
福岡県北九州市	(水) 13時半～15時半	093-581-1890
大分	(水) 13時半～15時半	097-536-1221
熊本	(水) 15～17時	096-325-5700

● 全国労働弁護団員所属事務所

地　域	事務所	電話番号
北海道	今法律事務所	0154-42-7722
	菅沼法律事務所	0166-22-1637
	道央法律事務所	011-251-7874
	北海道合同法律事務所	011-231-1888
	山崎法律事務所	0138-51-1100
岩　手	菅原法律事務所	019-623-7601
秋　田	秋田中央法律事務所	018-865-0388
	第一合同法律事務所	018-823-7431
	山内法律事務所	018-888-3711
青　森	小田切さとる法律事務所	0172-31-5511
宮　城	仙台中央法律事務所	022-227-2291
山　形	弁護士法人あかつき佐藤欣哉法律事務所	023-632-2070
福　島	佐々木廣充法律事務所	024-535-3554
茨　城	水戸翔合同法律事務所	029-231-4555
栃　木	とちぎ総合法律事務所	028-612-6130
	とちぎ市民法律事務所	028-636-6103
千　葉	房総合同法律事務所	043-225-1461
	千葉中央法律事務所	043-225-4567
山　梨	甲府合同法律事務所	055-226-3263
静　岡	鷹匠法律事務所	054-251-1348
	静岡法律事務所	054-254-3205
	みどり合同弁護士法人	055-931-4471
	渡辺昭法律事務所	053-458-9640
	はままつ共同法律事務所	053-454-5535
	福地法律事務所	055-934-3000
新　潟	新潟合同法律事務所	025-245-0123
	弁護士法人新潟第一法律事務所	025-280-1111
長　野	長野中央法律事務所	026-235-1321
富　山	東博幸法律事務所	076-491-1237
	山田法律事務所	076-420-1212
	富山中央法律事務所	076-423-2466
	菊法律事務所	076-481-7002

地　域	事務所	電話番号
石　川	北尾法律事務所	076-231-1800
	金沢合同法律事務所	076-221-4111
福　井	吉村悟法律事務所	0776-29-7233
	泉法律事務所	0776-30-1371
	あすわ法律事務所	0776-21-6333
	海道法律事務所	0776-25-7718
滋　賀	吉原稔法律事務所	077-510-5262
	彦根共同法律事務所	0749-23-1525
	せせらぎ法律事務所	077-511-5858
	滋賀第一法律事務所	077-522-2118
奈　良	奈良合同法律事務所	0742-26-2457
京　都	京都第一法律事務所	075-211-4411
	京都法律事務所	075-256-1881
	京都南法律事務所	075-604-2133
	市民共同法律事務所	075-256-3320
和歌山	和歌山合同法律事務所	073-433-2241
大　阪	大阪労働者弁護団（協力団体）	06-6364-8620
	民主法律協会（協力団体）	06-6361-8624
兵　庫	兵庫県民主法律協会（協力団体）	078-341-3422
岡　山	山本勝敏法律事務所	086-234-1711
	木もれび法律事務所	086-435-0933
	近藤幸夫法律事務所	086-226-5271
	（連絡窓口）岡山合同法律事務所	086-222-8727
広　島	広島法律事務所	082-228-2458
鳥　取	高橋敬幸法律事務所	0859-34-1996
島　根	松江森の風法律事務所	0852-25-2976
山　口	山口第一法律事務所	083-922-7600
徳　島	弁護士法人徳島合同法律事務所	088-622-7575
愛　媛	臼井法律事務所	089-933-6678
高　知	高知法律事務所	088-822-8311
長　崎	諫早総合法律事務所	0957-24-1187

地　域	事務所	電話番号
佐　賀	佐賀中央法律事務所	0952-25-3121
大　分	大分共同法律事務所	097-534-3436
熊　本	熊本共同法律事務所	096-355-5376
	熊本中央法律事務所	096-322-2515
宮　崎	西田法律事務所	0985-29-6077
福　岡	福岡第一法律事務所	092-721-1211
鹿児島	井之脇法律事務所	099-224-3303
	鹿児島合同法律事務所	099-225-1441
沖　縄	沖縄合同法律事務所	098-853-3281

●著者紹介
渡辺輝人（わたなべ・てるひと）
1978年生まれ。弁護士。千葉県立小金高校卒業後、上智大学法学部に進学。大学卒業後、2005年弁護士登録（京都第一法律事務所所属）。日本労働弁護団常任幹事。過労死弁護団全国連絡会議所属。残業代計算Excel「給与第一」開発者。労働者側の立場で賃金請求のみならず解雇、雇い止め、労災・過労死などの事件を扱う。
Yahoo! 個人ページで時事エッセイを執筆するなどインターネット上でも活動している。

ワタミの初任給はなぜ日銀より高いのか？
——ナベテル弁護士が教える残業代のカラクリ

2015年1月13日　初版第1刷発行

著　者　渡辺輝人
装　丁　河田　純（ネオプラン）
イラスト　伊尾仁志
発行者　木内洋育
編集担当　古賀一志
発行所　株式会社 旬報社
〒112-0015 東京都文京区目白台 2-14-13
電話（営業）03-3943-9911
http://www.junposha.com
印刷製本　株式会社 マチダ印刷

ISBN 978-4-8451-1393-4